EL HADJ LANSANA FOFANA

Le Parcours réussi de l'Ingénieur chevronné

Alpha Oumar SY SAVANÉ

EL HADJ LANSANA FOFANA

Le Parcours réussi de l'Ingénieur chevronné

Préface de Nassirou Condetto TOURÉ

L'Harmattan
Sénégal

Du même auteur

1. Guinée, 1958-2008, *l'indépendance et ses conséquences* (janvier 2009).
2. La Guinée, *membre permanent du Conseil de sécurité des Nations unies* (mars 2014).
3. Et vint Kaléta ! *Le barrage de tous les espoirs* (septembre 2015).
4. La Guinée, *locomotive des indépendances africaines* (juillet 2017).
5. Kaléta, *le barrage facteur d'intégration des États membres de l'OMVG* (avril 2018).
6. La Guinée, *60 ans après l'indépendance* ! : « Passer la main ! » (novembre 2019).
7. Le Parcours atypique du fils de N'Na Gnalén (décembre 2022).
8. La Guinée, l'histoire vraie de la République, *les dates glorieuses* (mai 2024).

L'HARMATTAN-SÉNÉGAL, 2026
10 VDN, Sicap Amitié 3, Lotissement Cité Police, Dakar

http:/ /www.harmattansenegal.com
senharmattan@gmail.com
senlibrairie@gmail.com

ISBN : 978-2-336-55694-9
EAN : 9782336556949

Sommaire

Dédicace

Ce livre est dédié à **feu El Hadj Lounséni FOFANA** *"Tonton Gaspari"*, jumeau d'El Hadj Lansana FOFANA.

Qu'Allah (SWT) Le Tout Miséricordieux l'accorde Son Paradis éternel !

Citation

« Monsieur El Hadj Lansana FOFANA,
vous êtes la fierté de la République de Guinée ».

(**Dr Bernard GOUMOU**, Premier Ministre de l'État de Guinée, **le 3 septembre 2022**, lors de la cérémonie d'inauguration du Poste de transformation électrique de la Ligne d'interconnexion électrique du ***Projet Énergie de l'O.M.V.G***. **à Boké**)

Préface

Je me suis résolu à écrire la Préface de ce livre parce que je connais bien l'auteur qui est **un Enseignant rompu à la tâche**, un homme d'expérience et de formation multidisciplinaire. Il est déjà auteur de plusieurs autres livres à succès.

La lecture de ce livre s'impose par sa simplicité. La pédagogie de sa rédaction rend l'enchainement des idées cohérent et le choix des mots et expressions pour les dire est sans équivoque.

Ce livre, **El Hadj Lansana FOFANA, le Parcours réussi de l'Ingénieur chevronné**, est **un bréviaire** pour les générations montantes en République de Guinée et pourquoi pas dans les autres États membres de l'O.M.V.G.

Il l'est d'autant plus que celui dont il parle a fait ses preuves non seulement dans son pays natal qu'est la Guinée, mais aussi et surtout dans d'autres pays de l'Afrique de l'Ouest que sont la Gambie, la Guinée-Bissau et le Sénégal.

M. Lansana FOFANA est un pur produit de l'Université guinéenne, **l'Institut Polytechnique Gamal Abdel Nasser de Conakry (I.P.G.A.N.)**. Ceci ajoute un plus à l'œuvre de l'Homme comme pour dire que l'Afrique est bien capable si elle se décide.

L'Organisation pour la Mise en Valeur du fleuve Gambie (O.M.V.G.) qu'il a gérée pendant huit (8) ans a gravi tous les échelons pour se hisser au sommet de la pyramide des Organisations intergouvernementales africaines et d'ailleurs.

En effet, l'O.M.V.G. est aujourd'hui le *leader* des Organisations de gestion des bassins versants fluviaux et de la gestion des eaux transfrontalières dans le monde. Ces gestions se sont faites de façon non conflictuelle pendant quarante-sept (47) ans.

Le livre, **El Hadj Lansana FOFANA, le Parcours réussi de l'Ingénieur chevronné,** est destiné à la Jeunesse africaine pour sa confiance en elle-même.

El Hadj Lansana FOFANA est bien connu des Guinéennes et des Guinéens en sa qualité de bâtisseur du barrage hydroélectrique de Kaléta. Un barrage salutaire qui a fortement atténué le manque d'énergie électrique à Conakry.

Le Projet Énergie de l'O.M.V.G., sous le *leadership* de M. FOFANA, a contribué largement à **la fiabilisation** et à **la sécurisation** de l'approvisionnement en énergie électrique des États membres.

En même temps, le Projet a jeté les bases d'**une Coopération féconde** et surtout d'**une Intégration efficiente** en faisant de toutes les infrastructures réalisées dans les États membres **un bien Commun aux quatre (4) États.**

Ce livre est à lire avec toute l'attention requise afin de promouvoir sa large diffusion au niveau des États membres de l'O.M.V.G. et des autres États de l'Afrique de l'Ouest.

Dakar, le 21 mai 2025.

Nassirou Condetto TOURÉ
Ingénieur Génie rural
Chef de Division Agro-sylvo-pastoral
Haut-Commissariat O.M.V.G.

Avant-propos

Ce livre est écrit à l'honneur d'**El Hadj Lansana FOFANA** ancien Haut-Commissaire (2016-2025) de l'Organisation pour la Mise Valeur du fleuve Gambie (O.M.V.G.).

L'Ingénieur Lansana FOFANA est **un bâtisseur** d'infrastructures structurantes dans le secteur-clé de l'Énergie hydroélectrique tant en Guinée que dans la Sous-région de l'Afrique de l'Ouest.

En effet, depuis le milieu des années 2010, il est à cheval sur de grands projets énergétiques d'abord en Guinée (Projet d'Aménagement Hydroélectrique de Kaléta) ensuite dans l'Organisation pour la Mise en Valeur du fleuve Gambie (le Projet Énergie de l'O.M.V.G.).

Ce dernier Projet de dimension intergouvernementale conjugue les efforts de la Gambie, de la Guinée, de la Guinée-Bissau et du Sénégal fermement soutenus par huit (8) bailleurs de fonds internationaux. El Hadj Lansana FOFANA a pu tenir ses engagements de conduire à terme ces grands projets au profit des États et de leurs populations.

Le 28 septembre 2015, le barrage hydroélectrique de Kaléta a été mis en service palliant le manque criard d'énergie électrique en Guinée, surtout, dans la capitale guinéenne, Conakry.

Le Projet Énergie de l'O.M.V.G. compte deux volets dont le plus important est le volet de la ligne d'interconnexion électrique avec plus de sept cent soixante millions (760 000 000) USD de financement.

À la date du 31 décembre 2024, cette ligne qui relie les réseaux électriques des quatre États de l'O.M.V.G. est fonctionnelle. Elle charrie huit cent

(800) Mégawatt (MW) d'énergie entre les quatre États. Quinze (15) postes de transformation électrique sont construits sur la ligne dont la longueur totale est de 1 677 km.

Le second volet consiste en l'Aménagement Hydroélectrique de Sambangalou (AHES) avec un financement de plus de quatre cent millions (400 00 000) USD porté par l'État du Sénégal. Les travaux pour la réalisation de l'Aménagement du barrage ont été lancés en **septembre 2022**.

Nous venons de camper, à travers ces multiples réalisations, **le Manager** El Hadj Lansana FOFANA, **l'Ingénieur chevronné** *« ... à la grande capacité d'écoute. Cette approche inclusive a galvanisé toute l'Équipe de l'O.M.V.G. et a permis d'atteindre les résultats exceptionnels au niveau du grand Projet de l'Énergie ».*

El Hadj Lansana FOFANA porte la casquette de l'Ingénieur chevronné qui a tout réussi et auquel tout a réussi. Une seconde casquette est à l'actif de l'Homme : *« De nature très social, il a su instaurer un bon climat de confiance avec le personnel. Cette bonne attitude a créé une ambiance positive dans l'environnement du travail. Je retiens de lui une personne qui se donne à fond dans son travail.*

Grâce à sa vision et à son dévouement, il a su faire profiter l'équipe O.M.V.G. de ses compétences et expertises dans le domaine de la gestion de bassins, ce qui a permis de faire des avancées significatives dans la réalisation des Projets et Programmes de l'Organisation et d'atteindre les résultats positifs que nous connaissons. »

Dakar, le 14 mai 2025.

L'Auteur

Introduction

Ce livre, **El Hadj Lansana FOFANA,** ***Le Parcours réussi de l'Ingénieur chevronné,*** parle du fils de Kambaya et de la Révolution, du technicien rompu à la tâche et de l'homme social hors pair.

Il parle surtout des œuvres gigantesques accomplies par El Hadj Lansana tant en Guinée qu'à l'Organisation pour la Mise en Valeur du fleuve Gambie.

Faire honneur à ses engagements est une des responsabilités les plus importantes qui incombent à l'homme. À quelque religion qu'il adhère, voire quand il se déclare sans confession, il reconnait en son tréfonds le caractère admirable de la loyauté, que ce soit vis-à-vis d'une personne ou d'un groupe de personnes.

Ce livre montre, s'il en était encore besoin, que l'Ingénieur Lansana FOFANA a servi et bien servi la Gambie, la Guinée-Bissau et le Sénégal, et doublement servi et bien servi la Guinée.

L'Équipe du Haut-Commissariat l'a accompagné tout au long de son parcours. Un accompagnement teint de loyauté, de dévouement et de professionnalisme.

Le livre, **El Hadj Lansana FOFANA,** ***Le Parcours réussi de l'Ingénieur chevronné,*** est divisé en six (6) Parties dont chacune est subdivisée en chapitres.

La Partie I est divisée en deux (2) chapitres. Le chapitre 1 présente El Hadj Lansana FOFANA à Kambaya, son village natal, avec ses frères sur les chemins de l'école coranique et de l'école française. Le chapitre 2 campe sur les relations entre El Hadj FOFANA et l'auteur du livre qui est son frère, son ami, son confident et son complice.

Dans **la Partie II,** le parcours du Haut-Commissaire tant en Guinée qu'à l'O.M.V.G. est mentionné dans les deux chapitres qui composent la Partie. Le texte est soutenu par des photos de "terrain".

La Partie III du livre dresse le bilan des huit (8) ans d'activités d'El Hadj Lansana à la tête du Haut-Commissariat de l'Organisation. Ce bilan est dressé à travers une *interview* qu'il a accordée au Magazine dakarois **"La Gazette"**, au mois de mai 2023. Les motivations pour la réalisation des Programmes et Projets y sont exposées.

En décembre 2017, une importante délégation du Haut-Commissariat conduite par El Hadj FOFANA a rendu une visite de courtoisie et de reconnaissance à **El Hadj Dawda Kaïraba JAWARA, Cofondateur de l'O.M.V.G.** et premier Président de la République de Gambie (1970-1994). Cette visite est largement relatée dans le chapitre 2 de cette Partie.

La Partie IV récapitule, dans son chapitre 1, ce que quelques collaborateurs ont dit d'El Hadj FOFANA à l'O.M.V.G. Dans le chapitre 2, ce que d'autres ont dit du Haut-Commissaire de l'O.M.V.G. est aussi récapitulé.

La Partie V présente les appuis forts pendant les deux mandats du Haut-Commissaire. Le chapitre 1 présente l'Équipe du Haut-Commissariat au 7 janvier 2025 et autres. Le chapitre 2 jette un bref aperçu sur les Institutions de financement de la ligne interconnexion électrique de l'O.M.V.G. (Partenaires financiers).

La Partie VI présente les images des réalisations de l'O.M.V.G. dans son chapitre 1. Ces images disent long sur les infrastructures structurantes réalisées par l'Organisation. Dans le chapitre 2, les images du Haut-Commissaire en activité à travers le monde sont présentées.

Partie I

El Hadj Lansana FOFANA l'enfant de Kambaya et de la Révolution

Chapitre 1

El Hadj Lansana FOFANA l'enfant de Kambaya et de la Révolution

A- L'enfant de Kambaya

El Hadj Lansana FOFANA (El Hadj Wana pour les intimides) est né le 25 janvier 1952 à Kambaya (Kambaya-körö, Dabola-Kambaya).

Il est le frère jumeau d'**El Hadj Lounséni FOFANA** (Tonton Gasparri pour les intimes). Il est l'un des fils de Kambaya qui ont fait le plus pour l'épanouissement du village et pour l'amélioration des conditions de vie de la population de Kambaya à travers l'électrification et le lotissement du village, et la construction du pont de Koumankoudou.

El Hadj Lansana est aussi une ***«fierté de la République de Guinée »*.**

Nous avons grandi ensemble et fait les études coraniques et de l'école française à Kambaya et à Dabola, ensemble. Il est mon ainé et a été en avance sur moi pendant toutes nos études pré-universitaire et universitaire.

Nous avons toujours été avec les **El Hadj Souleymane FOFANA** (entraîneur), **El Hadj Sékou FOFANA** (Voltaire, **UGP**), **Fodé Bangaly DIOUBATÉ** (Lagos, Siré-dén), **Lansana FOFANA** (Lansana SANO, Congolais), **Ibrahima TOURÉ**, **Mamadou FOFANA** (Saranfing-Madi), **Aly CISSÉ** (Alias), **Mamadou CISSÉ** (Saran-Madi, Krasmer), **Oumar CISSÉ** (Bombo), **Billo FOFANA** (Kèdjan), **Sory DIANÉ** (Dianékè), **Sékou Bakary FOFANA**, **El Hadj Souleymane SY SAVANÉ** (Tangor), **Ibrahima CAMARA** (Monsieur Kadabaya), **Sory CONDÉ** (Jean), **Yaya CAMARA**, **Alpha Oumar**

FOFANA (Bic), **Ibrahima CAMARA** (Fodé Sory Kankaya), **Dr El Hadj Ibrahima FOFANA** (Syndicat), MBorin **Moussa KÉITA**, MBorin **NFadji KÉITA, Sory KÉITA** (NFan Sory, Thierno MBallougbè la Sory), etc.

De tous ces frères qui ont été cités (vingt-deux), seuls **cinq** sont vivants. Qu'Allah (SWT) Le Très Miséricordieux accorde aux disparus Son Paradis éternel et prête longue vie à leurs enfants !

Photo 2 : El Hadj Lounséni FOFANA

Source : ***Mamadou FOFANA***
Assistant Comptable OMVG

Enfants, nous sommes restés des frères du même village s'aimant et se respectant mutuellement. Nous avons tous cherché le bois mort ensemble pour l'école coranique et pour la cuisine de nos mères,

Photo 3 : El Hadj Lansana FOFANA
"The State House" à Banjul (Gambie)

Source : *CC/OMVG*

Ensemble, nous avons été au fleuve *Tinkisso* pour nous baigner, au terrain pour le football, au cinéma et au théâtre à Dabola, la nuit. Seul le sommeil nous a séparé pendant nos vingt premières années de vie, de parcours. Il a été ainsi pour les autres et pour moi-même.

Je me le rappelle encore comme si c'était hier, il y avait quatre endroits de regroupement où les jeunes garçons passaient la nuit. Ceux qui dormaient ensemble constituaient le même groupe. Les groupes étaient constitués généralement par affinité : même école coranique, même classe à l'école française et surtout même classe d'âges, mais rarement par parenté. Après tout, nous étions tous des parents

Pendant vingt ans, nous sommes restés solidaires contre vents et marées. Provoquer un enfant de Kambaya, revient à s'attaquer à la Communauté de Kambaya. Les petites incompréhensions entre jeunes de la même génération n'ont jamais terni l'image solidaire des enfants de Kambaya.

À Dabola, nous avons été montrés du doigt pour le bien comme pour le mal. Nous avons marché en groupe tout le temps, prêts à défier n'importe quel autre groupe de jeunes de notre génération et même nos grands frères d'autres quartiers ou villages de la ville de Dabola.

B- L'enfant de la Révolution

Enfants de la Jeunesse de la Révolution Démocratique Africaine (J.R.D.A.), nous avons fait de la politique dans notre quartier Kambaya depuis l'âge du collège (15-16 ans). En effet, de 1971 à 1973, nous avons pris la direction du Bureau de la jeunesse en lieu et place de nos aînés.

Ensemble dans une communion d'idées et d'actions de 1971 à 1973, nous avons mis en pratique les idéaux du P.D.G.-R.D.A. avec rigueur et fermeté. Nos actions nous ont amené à bannir l'absentéisme des élèves de Kambaya de l'école. Aucun jeune ne pouvait s'absenter de l'école sans motifs valables.

Aussi, aucun ne pouvait ne pas participer aux activités du Parti : Mouvement Pionnier, Milice, Troupe théâtrale et artistique, Sports, Travaux d'intérêt commun, Alphabétisation des adultes et autres au niveau de la Fédération de Dabola.

Cette époque a été marquée par la Révolution populaire, et la Jeunesse devait assumer le rôle avangardiste de celle-ci en Guinée. Notre bureau a été composé essentiellement de jeunes des Centres d'Enseignement Révolutionnaire de notre localité.

Nous avons été convaincus de la voie de la Révolution. Pour nous, tout devait être dans les lignes de la Révolution Démocratique Africaine. Les départs pour l'Université et les Écoles professionnelles ont disloqué notre groupe.

Lansana Wana FOFANA a été un membre influent de ce groupe de jeunes révolutionnaires. En matière de décisions ou de sanctions, il a toujours eu le dernier mot. Rigoureux, ferme et exigent, il a été l'homme le plus craint de la génération. Quand il a décidé, tous les autres membres du bureau ont été d'accord.

De tout ce qui précède, tout nous a lié à El Hadj Lansana. Pourtant, le lien le plus fort a été celui tissé à l'Université Gamal Abdel Nasser de Conakry. Nous avons été six enfants de Kambaya à l'I.P.G.A.N. : **1. Feu Lansana FOFANA** (Bökè, le premier à porter le surnom **Anafof**, notre grand frère, Économie-Maths), **2. Souleymane FOFANA** (Entraîneur, Génie-civil, Ponts et Chaussées à Conakry), **3. Sékou FOFANA** (Voltaire, Agronomie à Conakry, puis à Kindia-Foulaya et enfin en République de Cuba), **4. Lansana FOFANA** (Wana, Nna Tata la Lansana, Hydrotechnique), **5. Alpha Oumar SY SAVANÉ** (Nna Gnalén dén Papa, Géographie-Maths), et **6. Feu Ibrahima CAMARA** (Fanta Fodé, Géographie-Maths).

Chapitre 2

El Hadj Lansana et NNa Gnalén dén

Au village, j'étais appelé tout juste **Nna Gnalén dén** (le fils de la Mère Gnalén). Mon appellation **Alpha Oumar SY SAVANÉ** était très peu dite. Mes liens avec lui ont été en réalité parmi les plus forts à tel point que le bonheur de l'un a été celui de l'autre. La peine de l'un a été celle de l'autre.

L'érosion des bonnes relations humaines par le temps et les mauvaises langues ont épargné les nôtres par la grâce du Tout-puissant Allah (SWT). Le temps nous a souri et nous a permis de renforcer chaque jour davantage nos liens d'amitié et de fraternité. Allah (SWT) nous a uni pour toujours !

Depuis **le 13 septembre 1973**, le jour de mon arrivée à Conakry pour mes études universitaires, je ne me suis plus séparé de Lansana Wana. Pendant quatre ans, nous avons mangé chez nos parents ou aux restaurants ensemble.

Nna Aïba Djéli KÉITA de Boussoura (Conakry), **NTénin MBallou FOFANA** de Bonfi (Conakry), **Thierno Fanta FOFANA** de la Plage Péronne (Conakry) et **NFandén Mamadi SY SAVANÉ**, Expert-Comptable (Conakry) ont été nos soutiens forts pendant nos études universitaires. Nous avons toujours été en vacances à Kambaya ensemble.

Nous nous sommes couchés dans le même lit au bâtiment *Niani* pendant trois ans. C'est la fin des études universitaires qui nous a séparé, quand il a été affecté à l'Ecole normale d'Instituteurs de Ourous, à l'intérieur du pays, pour le stage.

En juillet 2016, après sa désignation en qualité de Haut-Commissaire de l'O.M.V.G., il m'a demandé de l'accompagner à Dakar pour une nouvelle bataille à gagner après celle de la réalisation du barrage hydroélectrique de Kaléta. On peut bien s'exclamer sans aucun manque de modestie : *« Veni, vidi, vici ! »* (Prononcer : [ˈ**we**ː**ni**ː ˈ**wi**ː**di**ː ˈ**wi**ː**ki**ː]).

Photo 4 : Le Haut-Commissaire et son Conseiller en Communication

« Tu m'accompagneras à Dakar pour encore nous battre ensemble et gagner. »
Source : *CC/OMVG*

Lansana Wana est resté un homme social modèle. Il n'a jamais *« regardé dans le rétroviseur »*. Qui m'a dit quoi, qui m'a fait quoi ! Il a été au-dessus de la petitesse d'esprit. Il n'a jamais été un procédurier. Il a fait profiter de son avoir les fils de Kambaya sans exclusive et le village de Kambaya dans son entièreté.

Le pont de *Koumankoudou*, le lotissement intégral en bonne et due forme du village, **surtout l'électrification de Kambaya** et même **l'abonnement** au réseau électrique des familles démunies du village et **le pèlerinage à la Mecque** d'**une trentaine de personnes** ont été certaines de ses œuvres salutaires.

Ses amitiés franches et sincères ont amené les fils d'autres localités de la Guinée à faire des réalisations à Kambaya.

L'École primaire publique Franco-Arabe (Hadja Tata Bomba FOFANA) de Kambaya a été un don de **Dr Cheick Taliby SYLLA**, ancien Directeur général de Kaléta et ancien Ministre de l'Énergie et de l'Hydraulique. Ils ont été les bâtisseurs du Barrage hydroélectrique de Kaléta.

L'homme social hors pair, a porté aussi une casquette de technicien tout autant hors pair, reconnu et respecté de tous.

Après avoir bâti **le barrage hydroélectrique de Kaléta en Guinée**, Lansana FOFANA a aussi bâti **la Ligne d'interconnexion électrique de l'O.M.V.G.** et **lancé les travaux de construction du barrage hydroélectriquc de Sambangalou.**

Ses œuvres en Guinée et dans la Sous-région ont fait qu'il mérite d'être présenté à mes lecteurs dans son parcours professionnel.

PARTIE II

Le Parcours professionnel de l'Ingénieur chevronné

Chapitre 1

Le Parcours en Guinée

El Hadj Lansana FOFANA, Ingénieur en Hydrotechnique de son état, a évolué pendant toute sa carrière dans le secteur de l'Eau et de l'Énergie au service de l'État de Guinée et des États de l'Afrique de l'Ouest.

Au niveau de **la Direction nationale de l'Hydraulique**, où il a été affecté en 1977, après un stage d'enseignement en qualité de **Professeur de Mathématiques,** à **l'École Nationale d'Instituteurs de Ourous** dans la Préfecture de Koundara, il a assumé les fonctions d'**Inspecteur Régional** de l'Hydraulique de la Région Administrative de Boké et de **Chef de Division** Législation et Règlementation des Ressources en Eau à ladite Direction.

Au niveau du **Ministère de l'Énergie et de l'Hydraulique** (aujourd'hui Ministère de l'Énergie, de l'Hydraulique et des Hydrocarbures), il a été d'abord **point focal,** puis **Coordinateur de la Cellule Nationale-Guinée** de **l'Organisation pour la Mise en Valeur du fleuve Gambie** (O.M.V.G.) de 1981 jusqu'à sa nomination au poste de Haut-Commissaire.

Dans **les années 1980** et suivantes, Lansana FOFANA a fait des missions et des études approfondies dans le domaine de l'Eau et de l'Électricité.

En 1983, il a fait des études approfondies sur **la conception des ouvrages hydrauliques**, à Traction-Électricité (Tractionnel, actuel TRACTEBEL) à Bruxelles.

En 1987, il a participé au Colloque International organisé par le Centre de Formation Internationale à la Gestion des Ressources en Eau

(CEFIGRE) sur **l'Intégration de l'Aspect Environnement dans la Gestion des Ressources en Eau**, à Bujumbura (Burundi).

En 1993, il a participé respectivement à Ouagadougou (Burkina Faso) et à Saint-Louis (Sénégal) aux séminaires organisés par le Centre Saint Laurent (Canada) sur **la gestion des grands fleuves** (cas **des fleuves Niger et Sénégal**).

En 1995, il a fait **les études sur les eaux souterraines** au Centre International des Hautes Études Agronomiques de la Méditerranée (CIEHAM), à Saragosse (Espagne).

Par la suite, il a suivi plusieurs stages et effectué des voyages d'études au Siège de **la F.A.O.** (Bureau juridique) en Italie, au **Ministère français de l'Environnement** et dans **les Agences de Bassins en Europe et en Afrique**.

De **1987 à 1994**, El Hadj Lansana FOFANA a initié et conduit tout **le processus de refonte de la législation nationale de l'Eau en République de Guinée** grâce à l'Assistance technique et financière de la F.A.O. et de la Banque mondiale.

Cette refonte a permis l'élaboration d'un **Code de l'Eau** et l'institution d'un **Fonds de l'Eau** adaptés aux nouveaux principes de Gestion intégrée, partagée et concertée des Ressources en Eau : nationales et transfrontalières.

En 2002, M. Lansana FOFANA, Consultant indépendant et **feu Pr Ousmane BOURÉMA**, Hydrogéologue, ancien Ministre des Mines et de l'Énergie de la République du Niger, ont été recrutés par **l'Autorité du Bassin du fleuve Niger** (A.B.N.) pour établir l'état de la Gestion des Ressources en Eau à l'échelle du Bassin du fleuve Niger sur les territoires des neuf (9) États membres (**le Bénin, le**

Burkina Faso, le Cameroun, la Côte d'Ivoire, le Mali, la Guinée, le Niger, le Nigeria et le Tchad). Le projet a été financé par l'UNOPS/Genève.

M. Lansana FOFANA, en sa qualité de Chef de Division Législation et Règlementation des Ressources en Eau de la Direction Nationale de l'Hydraulique (D.N.H.) de la République de Guinée, a été chargé des aspects juridique, règlementaire et institutionnel du Contrat.

Carte 1 : Le bassin du fleuve Niger

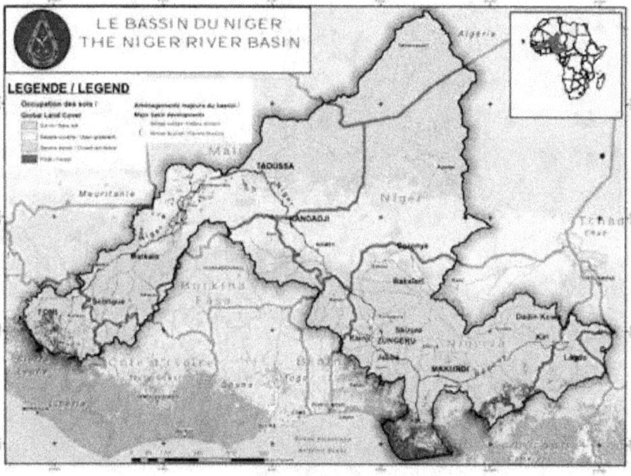

Source : ***eau-mines.gouv.bj***

En 2003, M. FOFANA a activement participé, au sein de **la Commission Mixte Paritaire Guinée-Sierra Léone**, aux travaux de matérialisation de la frontière entre la Guinée et la Sierra Léone tout au long du fleuve transfrontalier, **la Makona**.

En 2010, dans le cadre de la recherche du financement du Projet d'Aménagement Hydroélectrique de Kaléta (P.A.H.K.), **l'Entreprise Andrad Guiterez** (Brésil) a organisé, au mois de mars, un voyage d'étude de deux (2) semaines au Brésil pour s'enquérir de l'expérience du

Brésil en matière de construction des grands barrages hydroélectriques.

À cet effet, M. FOFANA a visité **ITAIPU INTERNATIONAL** (entre le Brésil et le Paraguay), **la deuxième plus grande centrale hydroélectrique du monde.** Suite à cette visite, il a été le premier Guinéen à signer dans **le Livre d'Or** de la Centrale d'ITAIPU INTERNATIONAL.

Photo 5 : Entrée du complexe Itaipu

Source : ***fr.wikipedia.org***

Photo 6 : Le barrage d'Itaipu

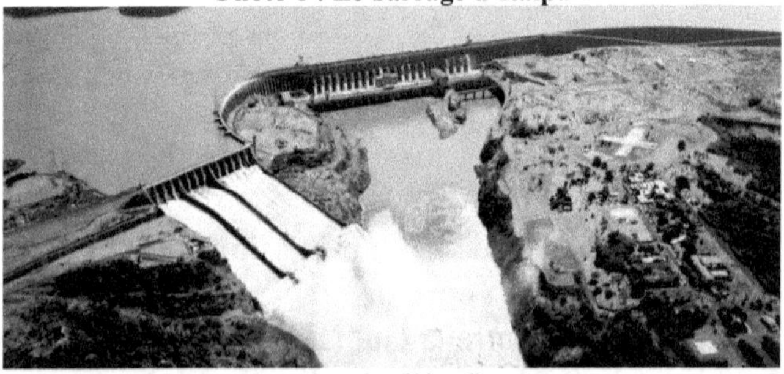

Source : ***fr.wikipedia.org***

En 2012, El Hadj Lansana FOFANA est nommé **Directeur général adjoint** (D.G.A.) du Projet d'Aménagement Hydroélectrique de Kaléta. Plus tard, **en 2014**, il en sera **le Directeur général**

jusqu'à l'inauguration dudit barrage en septembre 2015.

En 2013, El Hadj Lansana a visité en Chine, dans le cadre de la réalisation de l'A.H.E. de Kaléta, par la C.W.E. (une entreprise chinoise), l'Aménagement Hydroélectrique des **Trois gorges, la plus grande centrale hydroélectrique du monde.**

Photo 7 et 8 : Le barrage Trois gorges en Chine, le plus puissant au monde

Sources : ***Google***

Le 28 septembre 2015, il a mis en service le Barrage hydroélectrique de **Kaléta**, la plus grande centrale hydroélectrique d'alors du pays avec une puissance installée de **240 MW**. Il a aussi immédiatement lancé les travaux préparatoires de la construction du barrage hydroélectrique de **Souapiti** pour une puissance de **450 MW** avant d'être désigné Haut-Commissaire de l'O.M.V.G.

Photo 9 et 10 : Le Barrage hydroélectrique de Souapiti (mis en service)

Source : ***Youtube.com***

Chapitre 2

Le Parcours à l'O.M.V.G.

En 2016, la Décision N° 3/CECEG/01/A/E du **29 janvier 2016** de **la Conférence extraordinaire des Chefs d'État et de Gouvernement** de l'O.M.V.G. tenue à Addis Abeba en Éthiopie, l'a désigné **Haut-Commissaire** de l'Organisation.

Lors de sa cérémonie d'installation **le 6 avril 2016**, à Dakar, le Haut-Commissaire a, dans son allocution, rassuré et permis l'espoir en ces termes :

« Je mesure dans toute sa plénitude, la responsabilité qui sera la mienne au sein de cette Organisation regroupant quatre États de la sous-région ouest-africaine ...

Je mesure cette responsabilité d'autant plus que, par expérience, je sais que quiconque veut se mettre à l'abri de l'humiliation, du discrédit et de l'abattement moral doit honorer son engagement à sa prestation de service. »

Plus loin, il a précisé :

« Aujourd'hui, nous devons être capables de mieux adapter les objectifs de l'Organisation aux exigences de développement des populations de nos quatre États. En effet, il apparaît de plus en plus clair que l'émergence de nos États passera, entre autres, par les Organisations de mise en valeur des bassins fluviaux.

*Cette mise en valeur est **un facteur d'Intégration efficace et efficiente et de Coopération féconde et dynamique** permettant la mise en* *commun, par exemple, des moyens de production et de transport d'énergie électrique.*

Elle permet aussi l'aménagement en commun des plaines pour les activités agro-pastorales de nos populations en toute saison de l'année et la gestion commune durable de toutes les ressources naturelles des quatre États membres de l'O.M.V.G. ».

Photos 11 : L'installation de E. H. Lansana FOFANA dans ses fonctions de Haut-Commissaire de l'O.M.V.G.

Source : *CC/OMVG*

Photo 12 : Les participants

Source : *CC/OMVG*

Après **un tel hymne**, la réussite d'El Hadj Lansana FOFANA au Haut-Commissariat de l'Organisation pour la Mise en Valeur du fleuve Gambie (O.M.V.G.) ne peut nullement être une surprise.

Organisation quasiment de tiroir de bureau de 1978 à 2015, l'O.M.V.G. est aujourd'hui, au monde, avec l'O.M.V.S., les toutes premières Organisations de gestion judicieuse des eaux transfrontalières.

Le slogan au Haut-Commissariat de l'Organisation est : **le temps de l'action.** Ce slogan est pleinement accompli quand on sait qu'une **Ligne d'interconnexion électrique** de **1 677 km** (comportant **15 Postes de transformation électrique dont deux couplés de centre de dispatching**), relie les quatre États membres de l'Organisation : **la Gambie, la Guinée, la Guinée-Bissau et le Sénégal.**

Le 3 septembre 2022, lors de la cérémonie d'inauguration du Poste de transformation électrique de la Ligne d'interconnexion **du Projet Énergie de l'O.M.V.G.** à Boké, **Dr Bernard GOUMOU, Premier Ministre de l'État de Guinée** d'alors, a qualifié **Monsieur Lansana FOFANA** de : ***« fierté de la République de Guinée »***.

Les mots du Premier Ministre n'ont pas été de vains mots, et en soixante-quatre ans d'indépendance, **cela a été la première adresse solennelle publique d'appréciation positive d'un Chef de gouvernement de l'État de Guinée à un de ses fonctionnaires.**

En 2020, le contrat de réalisation de **l'Aménagement Hydroélectrique de Sambangalou** a été signé avec **le Groupement Vinci Construction Grands Projets (France)** et **Andritz Hydro (Autriche)** pour **une durée de réalisation de 52**

mois. Le financement de l'Aménagement qui est de 490 millions d'Euros est entièrement porté par l'État du Sénégal.

Le barrage hydroélectrique de Sambangalou aura **une capacité installée de 128 MW**. Il permettra en outre, **l'irrigation de 90 milles hectares de terre cultivables** dont 40 milles au Sénégal et 50 milles en Gambie et **le recul de la langue salée dans le fleuve Gambie de 100 km** augmentant par conséquence la superficie des terres cultivables en Gambie.

La construction du barrage a été lancée en septembre 2022. Depuis 2024, sa réalisation a fortement marqué le pas. Un audit interne du Haut-Commissariat de l'Organisation est achevé pour découvrir les raisons profondes de l'arrêt de la construction du barrage par **le Groupement Vinci Construction Grands Projets (France).**

Il y a lieu de rappeler que *le Projet Énergie* de l'O.M.V.G. a obtenu, **le 23 novembre 2017 à Paris**, **le Trophée en Or de meilleur Projet énergie du continent africain en 2017** (Best Energy Project 2017). Ce trophée a été décerné par ***Africa Investments Forum & Awards.***

Aussi, **le 21 décembre 2017**, à la Primature de la République du Sénégal à Dakar, **l'O.M.V.G. a reçu le document de sa 1e place ex æquo des meilleures Organisations de gestion des eaux transfrontalières dans le monde**. Ce document a été produit par ***Strategic Foresight Group.***

Photo 13 :
Trophée en Or de l'OMVG

Source : *CC/OMVG*

Photo 14 : La cérémonie de remise du *Trophée en Or* à Paris

Source : *Moussa FOFANA - Conakry*

Photo 15 : Le Document de 1e Place ex aequo dans la gestion des eaux transfrontalières dans le monde

Source : CC/OMVG

L'Organisation pour la Mise en Valeur du fleuve Gambie (O.M.V.G.) est devenue en 2017, l'un des tous premiers Organismes de bassin versant fluvial en charge de la gestion des eaux transfrontalières tant sur le continent africain que dans le reste du monde.

L'O.M.V.G. est surtout caractérisée par une volonté politique ferme de vivre ensemble **avec plus de quarante-sept (47) ans de Coopération non conflictuelle** entre les quatre (4) États membres de l'Organisation.

Photo 16 : La cérémonie de remise du document de 1e Place ex aequo à Dakar

Source : *CC/OMVG*

En effet, selon **M. Loïc Fauchon, Président du Conseil Mondial de l'eau,** lors de sa dernière visite de travail à Dakar, en juin 2021, pour les préparatifs de **la 9e édition** du **Forum Mondial de l'Eau :** ***« Il y a deux modèles de gestion des eaux transfrontalières à magnifier : l'O.M.V.G. et l'O.M.V.S. ».***

Il a ajouté : ***« Le Sénégal a, en la matière, une expérience qui est connue et intéresse le monde à travers ces deux organisations. C'est une référence aujourd'hui, reconnue sur le plan mondial. Quand on voit ce qui se passe dans le Bassin du Nil et ailleurs, les résultats du Sénégal et des pays transfrontaliers membres de l'O.M.V.S. et de l'O.M.V.G. sont un exemple de capacité à dialoguer et à gérer l'eau de manière collégiale ».***

Après la mise en œuvre ***du Projet Énergie de l'O.M.V.G.***, **un véritable mégaprojet** sur les plans **du coût (762 millions USD), du nombre des Partenaires Financiers huit (8) et des réalisations effectives sur le terrain dans les quatre États membres de l'Organisation,** il était difficile de penser à l'élaboration d'un autre Projet dans si peu de temps.

Pourtant, sous le leadership d'**El Hadj Lansana FOFANA**, le Haut-Commissariat de l'O.M.V.G. l'a réussi en initiant **le Plan Directeur de Développement Intégré** (P.D.D.I.).

Ce Plan Directeur est un autre **mégaprojet d'environ cent-quatre-vingt (180) projets à réaliser,** pour établir un cadre harmonisé et formel de planification de développement.

Pour les années à venir (jusqu'en 2040), l'accent est mis sur trois orientations fondamentales : **- Gouverner et préserver, - Désenclaver et protéger et - Développer durablement.**

Le P.D.D.I. est un outil qui permettra à l'O.M.V.G. de mettre en œuvre un programme global de développement multisectoriel et un plan d'investissement conjoint à l'horizon 2040.

Pour la mise en œuvre de ces plans et programmes, elle initiera une nouvelle initiative sur les mécanismes de financement innovants en vue d'accéder directement aux marchés financiers par l'émission d'obligations.

Pour toutes les réalisations de l'O.M.V.G. **depuis 2016, le Conseil des Ministres de l'O.M.V.G., en sa 11e Session extraordinaire**, tenue à Banjul, **le 6 janvier 2024**, a décerné, par **la Résolution N° 2/CEM/11/B/G** : ***« Un Certificat de satisfecit à Monsieur El Hadj Lansana FOFANA,***

Haut-Commissaire de l'O.M.V.G. et à toute son équipe pour les résultats obtenus qui ont contribué à faire rayonner l'Organisation ».

Aussi, **la Conférence des Chefs d'État et de Gouvernement de l'Organisation pour la Mise en Valeur du fleuve Gambie (O.M.V.G.)**, réunie, en **sa 11e Session Ordinaire** [je préfère les termes **Sommet ordinaire**], **le 7 décembre 2024 à Banjul**, a adressé **une Attestation de reconnaissance** à ***« Monsieur El Hadj Lansana FOFANA, Haut-Commissaire et à toute l'Équipe de l'O.M.V.G. pour les brillants résultats obtenus dans la réalisation des Projets de l'Organisation au cours de la période de 2016 à 2024 qui ont contribué à faire rayonner l'Organisation sur le plan national et international. »***

C'est bien lors de cette **Conférence des Chefs d'États** que El Hadj Lansana FOFANA a passé **le flambeau de Haut-Commissaire** à la République de Gambie pour la bataille de la maîtrise de l'eau et le développement des localités au service des populations des bassins versants des fleuves **Gambie, Koliba-Corubal et Kayanga-Geba.**

Aussi et surtout pour la Coopération dynamique et féconde entre les États de **la Gambie, de la Guinée, de la Guinée-Bissau et du Sénégal** et pour leur Intégration efficace et efficiente. **Il faut reconnaître que depuis le 30 juin 1978, aucun État ne s'est ni retiré de l'Organisation ni n'y a suspendu sa participation.**

Le Gouvernement de l'État de Gambie a donné le flambeau de Haut-Commissaire de l'Organisation pour la Mise en Valeur du fleuve Gambie (O.M.V.G.) à **M. Demba JALLOW**, ancien Directeur de l'Environnement et du Développement durable (D.E.D.D.) du Haut-Commissariat de l'Organisation pour la Mise en valeur du fleuve Gambie.

Photo 17 : La Passation de service
(le 7 mars 2025 à Dakar)

Source : ***CC/OMVG***

Qu'Allah (SWT), Le Tout Miséricordieux, guide, soutienne et protège M. Demba JALLOW !

En huit (8) ans (2016-2024), sous le leadership de M. Lansana FOFANA, le Haut-Commissariat de l'O.M.V.G. a relevé tous les défis liés à sa mission de gestion judicieuse des eaux des bassins versants sous sa juridiction et d'amélioration des conditions de vie des populations des États membres dans et en dehors des bassins.

L'expression ***« Monsieur Lansana FOFANA vous êtes une fierté de la Guinée », le Certificat de satisfécit*** de la 11e Session Extraordinaire du Conseil des Ministres de l'O.M.V.G. et ***l'Attestation de reconnaissance*** de la 11e Session Ordinaire [je préfère dire : 11e Sommet] de la Conférence des Chefs d'État et de Gouvernement de l'O.M.V.G.

montrent à suffisance, si besoin en était, que le *leadership* de l'Ingénieur Lansana FOFANA au Haut-Commissariat de l'O.M.V.G. a servi et bien servi l'Organisation dans chacun de ses États membres.

Certificat de satisfecit du Conseil des Ministres

The Council of Ministers of the O.M.V.G., in its 11th Extraordinary Session, held in Banjul, on January 6, 2024, through Resolution N° 2/CEM/11/B/G, assigned :	Le Conseil des Ministres de l'O.M.V.G., en sa 11e Session extraordinaire, tenue à Banjul, le 6 janvier 2024, par la Résolution N° 2/CEM/11/B/G, a décerné :
"A Certificate of Satisfaction to Mr. El Hadj Lansana FOFANA, High Commissioner of the O.M.V.G. and to his entire team for the results obtained that contributed to making the Organization shine."	*« Un Certificat de satisfecit à M. El Hadj Lansana FOFANA, Haut-Commissaire de l'O.M.V.G. et à toute son équipe pour les résultats obtenus qui ont contribué à faire rayonner l'Organisation ».*

Attestation de Reconnaissance de la Conférence des Chefs d'État et de Gouvernement

La Conférence des Chefs d'État et de Gouvernement de l'O.M.V.G., en sa 11e Session Ordinaire, tenue à Banjul, le 7 décembre 2024 :

« Nous sommes reconnaissants de M. El Hadj Lansana FOFANA, Haut-Commissaire et toute l'Équipe de l'OMVG pour les brillants résultats obtenus dans la réalisation des Projets de l'Organisation au cours de la période de 2016 à 2024 qui ont contribué à faire rayonner l'Organisation sur le plan national et international. »

Photo 18 : El Hadj Sidy Ben Omar Tijani DIONE, Fidèle compagnon de parcours du Haut-Commissaire, Chef Protocole au Haut-Commissariat.

Source : ***RCC/OMVG***

PARTIE III

Le bilan de 2016 à 2024

Chapitre 1

L'*Interview* au Magazine "La Gazette" d'El Hadj Lansana FOFANA, Haut-Commissaire de l'O.M.V.G.

Cette interview, parue dans ***le Magazine "La Gazette"*** *sous* ***le n° 426 de juin 2023****, permettra au lecteur de ce livre de mieux saisir la personnalité de Lansana FOFANA à travers ce qu'il dit lui-même de la mission qui lui a été confiée par les Chefs d'État et de Gouvernement de l'Organisation pour la Mise en Valeur du fleuve Gambie.*

L'interview présente le bilan des huit (8) ans qu'il a passés à la tête du Haut-Commissariat de l'O.M.V.G.

La Gazette : ***L'Organisation pour la Mise en Valeur du fleuve Gambie (O.M.V.G.) célèbre ses 45 ans en fin juin 2023. Que représente cet événement pour l'O.M.V.G. ?***

M. El Hadj Lansana Fofana : Ces 45 ans sont d'abord le résultat des initiatives des pères fondateurs de l'Organisation. Les pères fondateurs que sont les Présidents Léopold Sédar Senghor et Dawda Kaïraba Jawara, ont très tôt compris que pour aller vite, il faut aller seul et pour aller loin, il faut aller ensemble. C'est ce qui a permis aujourd'hui à l'O.M.V.G. de traverser tout ce temps-là dans la paix, la stabilité et la solidarité.

Aujourd'hui, nous sommes heureux de saluer cette initiative des **Chefs d'État visionnaires**, fondateurs de notre Organisation. L'O.M.V.G. a donc traduit en actions concrètes leur vision tout au long des 45 années de son existence.

C'est pour nous, un tournant important dans la vie de l'Organisation, 45 ans, ça se fête. C'est une réjouissance pour l'ensemble du personnel du Haut-Commissariat de l'O.M.V.G., des populations des quatre (4) États et de leurs gouvernements pour lesquels l'O.M.V.G. travaille.

Donc, nous avons un sentiment de joie. Nous sommes très contents, mais nous ne sommes pas totalement satisfaits parce que le développement est infini. Nous ne serons satisfaits que quand les grands objectifs fixés par les pères fondateurs seront atteints. Ce qui est sûr, c'est que nous sommes bien sur cette voie.

La Gazette : ***Quatre États et trois fleuves, pour beaucoup d'attentes de la part des populations des bassins versants et autres de ces États. Vous l'avez dit, vous n'êtes pas satisfait ? Qu'est-ce qui expliquerait votre manque de satisfaction alors que l'Organisation a beaucoup travaillé ?***

M. El Hadj Lansana Fofana : Nous avons fait beaucoup de choses et beaucoup de choses restent encore à faire. Donc, nous ne pouvons va pas avoir aujourd'hui, à 45 ans, un sentiment de satisfaction totale, sinon c'est déjà arrêter la marche. C'est pourquoi nous ne sommes pas pleinement satisfaits.

La particularité de l'O.M.V.G. est qu'elle est l'une des rares, sinon l'unique organisation de bassin fluvial, qui a sous sa juridiction plus d'un bassin. Tous les autres Organismes internationaux sont créés autour d'un seul bassin fluvial.

L'O.M.V.G. a quant à elle trois bassins fluviaux sous sa juridiction. C'est bien sa particularité essentielle. Aussi, nous avons trois (3) langues de travail, quatre (4) États membres et quatre (4) administrations différentes.

La Gazette : ***À l'O.M.V.G., depuis quelques années, vous êtes dans « le temps de l'action » comme nous le voyons sur vos affiches. Alors, qu'est-ce qui a été fait dans les États membres ?***

M. El Hadj Lansana Fofana : Vous savez depuis sa création, comme je l'ai dit au début de l'entretien, les pères fondateurs ont créé l'O.M.V.G. pour mettre en commun nos efforts et nos intelligences dans des Programmes et Projets pour pouvoir mettre en valeur les ressources de ces trois (3) bassins fluviaux aux bénéfices des populations. C'est ce qui est en train d'être fait. Cela a commencé par des études très solides.

L'O.M.V.G. a commencé depuis les années 80 des études pédologiques pour s'assurer d'abord de la connaissance de l'espace que nous gérons et savoir les ressources dont nous disposons.

Ces études ont été très pertinentes, il est opportun de remercier l'ensemble des partenaires techniques et financiers, mais surtout la Banque Africaine de Développement (BAD) qui a accompagné l'O.M.V.G. dans le financement de toutes ces études, c'est bien le lieu de le dire.

Nous avons fait des études, mais vous savez, le développement ne se limite pas aux études. Une étude n'est valable que pour 5 ou 6 ans, si elle n'est pas mise en œuvre, il faudra la reprendre, c'est une dynamique.

L'O.M.V.G. s'est trouvée dans un cycle fermé d'études en études, mais heureusement que les dernières études ont abouti aux infrastructures structurantes dont, notamment le Projet de Mise en Valeur et de Gestion des Ressources Naturelles (P.M.V.G.R.N.) et le Projet Énergie.

La Gazette : ***Pouvez-vous nous donner plus d'informations sur ces Projets ?***

M. El Hadj Lansana Fofana : Le Projet de Mise en Valeur et de Gestion des Ressources Naturelles (P.M.V.G.R.N.) a effectivement réalisé les infrastructures dans le domaine rural au niveau des quatre (4) pays : l'hydraulique villageoise, l'hydraulique pastorale, la protection de l'environnement et l'agroforesterie.

Le Projet a été réalisé entre 2004 et 2012. Il a permis d'améliorer durablement les conditions de vie des populations dans la zone du Projet par la réalisation d'infrastructures de base : pistes rurales (117 km), hydraulique villageoise (98 forages) et pastorale (97 puits), châteaux d'eau avec pompes solaires (4), etc. et mise en place de systèmes de crédits autogérés en faveur des populations démunies.

Par après, nous sommes passés aux infrastructures structurantes. Ce sont les infrastructures hydroélectriques. Il s'agit du Projet Énergie de l'O.M.V.G. dont les études ont été encore financées par la BAD. Ce projet a accouché d'un projet bancable à deux composantes.

La première, c'est l'Aménagement hydroélectrique de Sambangalou, d'une puissance de 128 MW, situé en partie au Sénégal et en partie en

Guinée. Les travaux de construction ont démarré en septembre 2022.

La deuxième composante est la ligne d'interconnexion électrique qui est en phase d'achèvement et qui relie les quatre (4) pays de l'O.M.V.G. Le barrage de Sambangalou est situé au Sénégal à 930 km en amont de l'embouchure du fleuve Gambie et à près de 25 km au sud de Kédougou.

La vocation principale du *Projet Énergie* est de fournir une énergie renouvelable et à bas coût aux quatre (4) pays membres de l'O.M.V.G. Ceci améliorera le bien-être des populations locales et favorisera le développement économique de cette sous-région de l'Afrique de l'Ouest.

Le Projet permettra également de réduire de façon appréciable la consommation de pétrole nécessitée par les centrales thermiques préservant ainsi l'environnement et renforçant par la même occasion l'indépendance énergétique des pays.

L'interconnexion électrique des quatre (4) pays est portée par une ligne 225 kW de 1 677 km qui les relie avec 15 postes de transformation électrique dont 4 au Sénégal, 4 en Guinée Bissau, 5 en Guinée et 2 en Gambie.

Aujourd'hui, la réalisation de cette composante interconnexion est pratiquement vers sa phase finale, elle est réalisée à 100% au Sénégal, 100% en Gambie, 96% en Guinée et 92% en Guinée-Bissau. Son achèvement est prévu pour la fin d'année 2023.

Cette interconnexion sera accompagnée par un vaste programme d'électrification rurale de tous les villages qui sont autour de ces 15 postes. Le Projet est financé par la Banque Mondiale et également par la Banque africaine de développement.

Celle-ci finance aussi tous les villages qui sont hors réseau, qui sont au long de la ligne ainsi que les villages situés à 10 km de chaque côté de la ligne dans le cadre du Projet d'Accès universel à l'électricité.

Nous avons aussi *le Projet Énergie* 2e génération dont les actions seront concentrées sur l'aménagement hydroélectrique de Digan (93,3 MW) et de Fello-Songa (80 MW) en Guinée, Saltinho (20 MW) en Guinée-Bissau et la réalisation d'une ligne de transport d'énergie de 500 km. L'énergie de ces barrages sera injectée sur le réseau de l'O.M.V.G.

Voici ce qui est vraiment fait. Dans le même cadre, nous sommes en train aussi d'initier avec le Système des Nations unies et la Coopération Suisse, un Plan Directeur de Développement Intégré.

Comme vous le voyez, l'O.M.V.G. sort de la théorie pour être dans le concret. Ainsi, notre grande Organisation s'inscrit dans le temps de l'action pour les actions du temps.

La Gazette : ***Vos réalisations, qui ne sont pas des moindres aujourd'hui, peuvent-elles atténuer l'exode rural et l'immigration clandestine ?***

M. El Hadj Lansana Fofana : Tant qu'on ne créé pas de meilleures conditions de vie au niveau local, même si nous nous transformons tous en agents de sécurité, nous ne pourrons rien contre l'exode rural et l'immigration clandestine.

Nos réalisations permettent de fixer en priorité les populations au niveau de leurs terroirs. Le challenge de l'O.M.V.G. devient d'une certaine manière une lutte contre l'immigration pour donner de l'espoir tant aux jeunes qu'aux autres couches de la population.

J'aime le dire souvent et je le répète : Ce n'est pas de gaieté de cœur que les jeunes de nos pays se livrent à l'exode rural et à l'immigration clandestine. Les gens vont vers la ville ou partent en Europe à la recherche d'un minimum de bonheur. Pour les fixer, il faut créer ce minimum de bonheur au niveau de Kédougou, de Koundara, de Soma, etc. en somme au niveau de leurs terroirs.

Tant que nos concitoyens ne trouvent pas sur place l'eau potable, l'énergie stable et bon marché, l'emploi, hydraulique agricole pour le développement de l'agriculture, les infrastructures routières et des télécommunications, ils iront les chercher ailleurs.

Aujourd'hui, le monde est devenu presqu'un gros village grâce au niveau de développement des technologies de l'Information et de la Communication.

Que les populations trouvent l'emploi sur place, qu'elles puissent satisfaire au moins les besoins fondamentaux sans être dans l'obligation de venir en ville. Si pour se soigner, pour se connecter, pour pouvoir charger la batterie de son téléphone il faut être en ville, alors les populations n'ont pas le choix.

Nous avons l'obligation de fixer les populations sur place, d'assurer le développement intégré en mettant toutes les infrastructures en place. Aujourd'hui, notre défi est de faire circuler toute l'énergie disponible au niveau des quatre (4) pays.

Un échange d'énergie intense s'effectuera. Quand le Sénégal va commencer à produire son gaz et son pétrole, il va injecter l'énergie dans les quatre pays. La Guinée-Bissau injectera également son énergie en Guinée. C'est extrêmement important.

Ce sont des gages de Coopération, d'Intégration et de Solidarité. C'est cela qui régit l'O.M.V.G. Il ne s'agit pas de produire seulement, il faut diviser les bénéfices dans l'espace. C'est cela la traduction de la solidarité, c'est un gage de stabilité et de coopération intense.

Ces infrastructures que nous avons réalisées contribuent donc effectivement à fixer les populations sur place parce qu'elles améliorent leurs conditions de vie en matière de production agricole, de fourniture d'électricité, de construction de piste rurale, d'alimentation en eau potable, etc.

La Gazette : ***Vous venez de nous dire un peu plus haut, Monsieur le Haut-Commissaire, je vous cite : « Nous sommes en train avec le Système des Nations unies, (…) d'expérimenter les financements innovants. » (Fin de citation) Pouvons-nous en savoir plus ?***

M. El Hadj Lansana Fofana : L'avantage des projets régionaux, c'est la facilité de mobiliser du financement. La Ligne d'interconnexions coûte 762 000 000 USD. En Guinée, cela se traduit par 575 km de ligne, au Sénégal 700 km, en Guinée-Bissau 218 km et en Gambie 180 km.

Aucun des pays à lui seul n'a le pouvoir de mobiliser un tel financement. Mais quand un projet à un caractère régional, cela incite davantage les partenaires à s'y pencher et à le financer. C'est pourquoi huit (8) principaux bailleurs de fonds (l'AFD, la BAD, la BEI, la BID, la BOAD, la BM, la KfW et la KFAED) ont finalement mobilisé 760 000

000 USD, plus les États membres qui ont donné la contrepartie.

Dans le Projet Énergie de l'O.M.V.G., l'intégralité du Projet est financée par les bailleurs de fonds classiques. Ils sont multi- et bilatéraux. Nous sommes en train avec le Système des Nations unies, - c'est aussi l'une des innovations de l'O.M.V.G., d'expérimenter les financements innovants.

Je vous ai parlé tantôt du Plan Directeur de Développement Intégré (P.D.D.I.), pour le financer nous irons directement à la même source que les bailleurs de fonds traditionnels comme la Banque mondiale qui vont prendre l'argent dans certaines instances.

L'O.M.V.G. ira également chercher l'argent directement dans les mêmes instances. La concessionnalité ne posera pas de problème parce que quand on prête à un prêteur qui va prêter, cela coûte très cher, car le taux est très élevé. Le système des Nations unies est en train de nous aider pour que le P.D.D.I. ait à couvrir un bilan de 30 ans et il va être assorti de Programmes et de Projets.

Actuellement nous sommes en phase finale d'études et nous sommes en train d'identifier les projets prioritaires de l'O.M.V.G. qui vont être les premiers projets à être financés de cette manière.

L'interconnexion a été réalisée en 18 mois pour un coût estimé à 762 000 000 USD HT. La ligne de transport d'électricité est de 225 kV en boucle, elle est équipée de 36 paires de fibre optique sur une longueur totale de 1 677 km. Les 32 paires serviront au développement des télécommunications au niveau local et urbain.

Tous les villages traversés vont avoir l'internet à grand débit, ils vont se connecter et la communication sera facilitée. Cela permet aussi à certains acteurs de fixer des populations.

Et maintenant ces financements innovants vont couvrir toutes les autres activités : agriculture, hydraulique urbaine, hydraulique rurale, santé, éducation, routes, transport et magasins de stockage comme le marché de Diaoubhè où nous réaliseront des chambres froides pour permettre aux producteurs de stocker les fruits.

Pour le moment, voilà ce que nous ferons pour les 30 prochaines années. Ce qui viendra après, nous allons juste les identifier. Les projets prioritaires que nous allons lancer et le reste, c'est un programme que tout le monde suivra durant les 30 prochaines années. L'O.M.V.G. est donc désormais considérée comme un véritable support de l'intégration régionale ?

Aujourd'hui, les quatre (4) États sont interconnectés, liés, tous les centres de production de toutes les capitales sont reliés par une ligne. D'abord il faut souligner les spécificités de l'O.M.V.G., c'est le caractère d'appartenance commune à tous les États des infrastructures réalisées.

Les infrastructures qui sont réalisées au Sénégal ne sont pas propriétés du Sénégal, celles réalisées en Gambie, en Guinée ou en Guinée-Bissau aussi n'appartiennent à aucun État membre. Elles sont une propriété commune des 4 États.

Toutes ces infrastructures : ligne d'interconnexion, postes, barrages et tout ce qui sera réalisé dans l'avenir appartiendra aux quatre (4) États. Toutes les réalisations seront des biens communs.

Les textes fondamentaux de l'O.M.V.G. le précisent bien. Et cela est une spécificité de notre Organisation. Généralement entre les États, la Coopération est quasiment parcellaire. Par contre, les fondateurs de l'O.M.V.G. ont voulu que l'Organisation soit un facteur de Coopération dynamique et féconde.

Aussi, au niveau des prises de décisions, c'est le consensus qui prévaut. C'est déjà un gage de paix, de stabilité et une réelle Coopération. Toutes les décisions sont prises par consensus et toutes les infrastructures appartiennent aux quatre (4) pays. Cela est la raison d'être de l'OMVG : la solidarité.

Sinon l'énergie produite par le barrage de Sambangalou ne serait pas disponible pour la Guinée-Bissau qui n'est pas dans le bassin principal du fleuve. Mais ce pays va bénéficier de cette énergie.

L'O.M.V.G. aujourd'hui est devenue un véritable instrument d'intégration et de coopération, de développement économique et social non seulement pour les 4 pays membres, mais aussi un exemple pour l'ensemble des pays africains parce que l'O.M.V.S. et l'O.M.V.G. sont classés premiers organismes ex aequo au plan mondial pour gestion des eaux transfrontalières.

La Gazette : ***Il reste que la question qui concerne les bassins devient préoccupante avec les aléas climatiques, avec les changements climatiques. C'est le cas d'ailleurs du fleuve Sénégal à sa source : le Fouta-Djallon, Qu'est-ce que vous faites dans ce sens ?***

M. El Hadj Lansana Fofana : L'adaptation au changement climatique est une préoccupation de toute la planète Terre. Que cela soit au niveau de l'homme qui est la dimension réduite du peuple, ou au niveau des peuples, c'est devenu une réelle préoccupation.

Cette crise climatique a une dimension anthropique. C'est la multiplicité des actions anthropiques, c'est le taux d'accroissement élevé de la population de la planète. Il y'a 50 ans, nous n'étions pas 3 milliards mais, en 2030, nous serons près de 10 milliards.

Pourtant la Terre n'augmente pas de superficie. Elle est ce qu'elle est, qu'on soit des milliards, qu'on soit une seule personne. C'est une situation préoccupante.

Si nous continuons à ce rythme effréné d'exploitation de la planète, nous compromettrons dangereusement la vie des futures générations. Aujourd'hui, tout le monde est interpellé pour prêter attention à ces phénomènes de changements climatiques et de graduer dans le comportement avec les mesures qu'il faut pour la résilience climatique.

La déforestation est en train de tout détruire en Gambie et en Casamance. Au Mali par exemple, sur le fleuve Niger, il y avait un bateau qui naviguait sur le fleuve parce que son débit permettait au tirant d'eau du navire de le remonter. Cela est devenu un souvenir si lointain que nos enfants ne peuvent pas y croire.

Il faut obligatoirement arrêter, sinon c'est le déclin de l'humanité. C'est bien dans ce cadre-là que l'O.M.V.G. a initié son Plan Directeur de Développement Intégré (P.D.D.I.). Il faut protéger les sources, les cours d'eau, tous les écosystèmes fluviaux et l'environnement.

Tout programme qui n'intègre pas la protection et la conservation de l'environnement est un programme voué à l'échec.

La Gazette : ***Mais cela appelle une bonne formation des populations donc ?***

M. El Hadj Lansana Fofana : Il faut d'abord une bonne formation des cadres avant d'aller vers la population. Il faut que les cadres aient en face de l'environnement une culture très haute au plan déontologique comme le médecin devait protéger la vie.

Maintenant pour les populations, le problème est de trouver des sources de revenus qui leur permettent de vivre, d'avoir le minimum pour qu'elles puissent abandonner les anciennes pratiques.

Mais tant qu'on ne trouve pas de sources de revenus, une sensibilisation à elle seule ne suffira jamais. C'est comme dire à un affamé d'attendre demain matin pour qu'il puisse manger, il va te dire que c'est loin.

La communauté internationale et les bailleurs de fond, tout le monde, tous les acteurs réfléchissent à comment mobiliser des ressources suffisantes pour que les populations locales aient des sources de revenus, pour éviter ou limiter la destruction de l'environnement.

La sensibilisation à elle seule, c'est très bien, mais quand tu sensibilises le paysan pour qu'il ne coupe pas le bois et tu ne lui donnes pas le gaz, il ne t'écoutera pas. C'est une question de survie donc c'est extrêmement important.

C'est pourquoi il faut faire des plans d'actions de développement intégré de nos espaces, qui prennent en compte toutes les préoccupations de toutes les parties prenantes. Je suis d'accord avec vous qu'il faut informer donc enseigner, former, éduquer, sensibiliser, convaincre et mobiliser.

Ces actes de Communication doivent être soutenus par des plans d'action concrets qui puissent amener les paysans à vivre sur place et à ne pas dégrader l'environnement.

La Gazette : ***Merci Monsieur le Haut-Commissaire pour votre disponibilité !***

Dakar, le lundi 8 mai 2023.

Par Pape Amadou FALL de "La Gazette" avec l'appui de la Cellule Communication de l'O.M.V.G.

Chapitre 2

La visite historique à Banjul au Cofondateur de l'O.M.V.G.

Les fondateurs de l'Organisation pour la Mise en Valeur du fleuve Gambie **ont été des hommes d'État visionnaires** qui, par cette création, ont non seulement atténué la divergence politique entre les Présidents Léopold Sédar Senghor du Sénégal et Ahmèd Sékou Touré de Guinée, mais aussi projeté des activités capables d'améliorer grandement les conditions de vie des populations des États membres.

Photo 19 : Poignée de mains après la signature des Conventions du 30 juin 1978 à Kaolack

Source : ***Le quotidien "Le Soleil" à Dakar***

Le Président Dawda Kaïraba JAWARA de la Gambie a tout mis en œuvre pour réconcilier les deux Présidents en les mettant dans la même organisation interétatique qu'est l'O.M.V.G. Tel a été aussi le rôle **du Président Moctar Ould DADDAH** de la Mauritanie dans la création l'O.E.R.S. actuelle O.M.V.S.).

Un an après l'avènement du Haut-Commissariat de 2016, **la Cellule Communication** a suggéré au Haut-Commissaire de rendre une visite de courtoisie et de reconnaissance à **El Hadj Dawda Kaïraba JAWARA**, seul Cofondateur et adhérents vivant de l'O.M.V.G.

Aussitôt dit, aussitôt fait ! Les 15 et 16 décembre 2017, une importante délégation du Haut-Commissariat de l'Organisation conduite par le Haut-Commissaire s'est rendue à Banjul afin de rencontrer le Cofondateur El Hadj Dawda Kaïraba JAWARA.

Photo 20 : Le Haut-Commissariat et le Cofondateur de l'O.M.V.G. à Banjul

Source : ***CC/OMVG***

La délégation comprenait en outre, le Doyen Kabir Silla SONKO (Directeur de l'Environnement et du Développement Durable), Me Alpha Oumar SY SAVANÉ (Responsable Cellule Communication) et El H. Sidy Ben Omar Tijani DIONE (Protocole).

La Délégation a été introduite auprès du Cofondateur par **M. Lamine Diba** (Ministre de l'Environnement, du Changement climatique et des Ressources naturelles de la Gambie) et **M. Bai Lamine SILLAH** (Coordinateur national de la Cellule O.M.V.G.-Gambie).

Malgré le poids de l'âge (il avait alors 93 ans), El Hadj Dawda Kaïraba JAWARA nous a accordé une audience de plus d'une heure, dans le salon de sa résidence de Banjul, à **Fajara Golf**.

Après la présentation de la délégation du Haut-Commissariat par le Ministre Diba et le discours du Haut-Commissaire, le Cofondateur de l'Organisation a parlé pendant une trentaine de minutes pour remercier et prier.

Dans son intervention, il n'a pas manqué de signaler que, *« depuis que j'ai quitté le pouvoir en Gambie, c'est la première fois qu'une personnalité ou une délégation du Haut-Commissariat soit venue me rencontrer. Je vous remercie pour votre reconnaissance à mon égard ! Je suis certain que vous, vous réussirez à la tête de l'Organisation »*.

Par la suite, notre hôte a béni pour chacune des personnalités présentes dans son salon, pour les populations des États membres de l'O.M.V.G. et surtout pour l'Organisation pour la mise en valeur du fleuve Gambie elle-même à travers son Haut-Commissariat.

Photo 21 : Le moment de prière du Cofondateur

Source : ***CC/OMVG***

Enfin, il a rappelé les péripéties de la création de l'Organisation *« dans le but de faire de la Guinée et du Sénégal des États frères réconciliés marchant la main dans la main, et de mettre en valeur les ressources du fleuve Gambie pour le bien-être des populations des États des membres de l'Organisation intergouvernementale »*.

Photo 22 : La poignée de mains
Cofondateur et Haut-Commissaire

Source : *CC/OMVG*

Photo 23 : La poignée de mains
Cofondateur et Responsable Cellule Communication

Source : *CC/OMVG*

Photo 24 : Le cadeau offert par la Cellule Communication

Source : ***CC/OMVG***

El Hadj Kaïraba JAWARA a terminé son intervention par des prières pour la réussite du Haut-Commissariat de l'O.M.V.G. dans toutes ses activités au service des États membres de l'Organisation. *« Je suis très sensible à votre visite. J'ai compris que vous êtes de bons continuateurs de l'œuvre que vos pères ont initiée il y a des décennies. Vous avez fait un pas important pour lequel Allah (SWT) va vous payer en vous accompagnant et en vous protégeant dans les activités du Haut-Commissariat ».*

La visite au Cofondateur s'est terminée par la remise de cadeaux symboliques préparés par **la Cellule Communication : - la photo de la chaleureuse poignée de mains après la signature**

des Conventions de Kaolack ; - la carte de la ligne d'interconnexion électrique du *Projet Énergie* de l'O.M.V.G.

À l'occasion de cette remise, **Mme JAWARA**, présente à la cérémonie, s'est exclamée en regardant la photo Senghor-Kaïraba et a dit : *« Hé ! En ce moment, il était un bel homme ! »*.

Photo 25 : L'admiration du Trophée en Or du Projet Énergie de l'O.M.V.G.

Source : *CC/OMVG*

Il y a lieu de noter que s'est le deuxième jour de rendez-vous qui a été le bon pour la visite de courtoisie et de reconnaissance à El Hadj Kaïraba JAWARA, premier Président de la République de Gambie (1970-1994) et Cofondateur de l'Organisation pour la mise en valeur du fleuve Gambie (30 juin 1978 à Kaolack, au Sénégal).

Photo 26 : La résidence d'El Hadj Dawda Kaïraba JAWARA à Fajara Golf (Banjul)

Source : *CC/OMVG*

Photo 27 et 28 : Les interviews après la visite de courtoisie et de reconnaissance

Le Haut-Commissaire **Le Ministre Lamine DIBA**

Source : *CC/OMVG*

PARTIE IV

ILS ONT DIT !

Chapitre 1
Ils ont dit au Haut-Commissariat !

1- **N'Dèye Penda BA DIAGNE** *(Attachée de Direction, bilingue)*

Vous avez été la plus proche collaboratrice d'El Hadj Lansana FOFANA dans ses fonctions de Haut-Commissaire de l'O.M.V.G. pendant plus de 8 ans, en votre qualité d'Attachée de Direction Bilingue et d'Assistante du Haut-Commissaire.

Que retenez-vous de l'Homme ?

« Merci de me donner l'occasion de parler d'**El Hadj Lansana FOFANA**, Haut-Commissaire de l'OMVG.

Photo 29 : Mme BA DIAGNE

Source : ***RCC/OMVG***

J'ai travaillé avec lui dès sa nomination au poste de Haut-Commissaire de l'O.M.V.G., mais la collaboration avait commencé alors qu'il occupait le poste de Coordonnateur de la Cellule OMVG en Guinée, dans le cadre de la tenue des Sessions du Conseils des Ministres.

Donc nous avons cheminé dans une atmosphère de respect, de cordialité avec une bonne dose de confiance. Je suis sensible et satisfaite de la qualité des rapports professionnels, cordiaux qui ont toujours prévalu entre nous.

Je retiens de lui une personne qui se donne à fond dans son travail. Grâce à sa vision et son dévouement, il a su faire profiter l'équipe O.M.V.G. de ses compétences et expertises dans le domaine de la gestion de bassins, ce qui a permis de faire des avancées significatives dans la réalisation des Projets et Programmes de l'Organisation et d'atteindre les résultats positifs que nous connaissons. C'était un plaisir de travailler avec lui.

De nature très social, il a su instaurer un bon climat de confiance avec le personnel. Cette bonne attitude a créé une ambiance positive dans l'environnement du travail.

Je lui exprime ma gratitude et le félicite pour toutes ces années passées à la tête de l'O.M.V.G.
Son départ sera ressenti et je lui souhaite une retraite bien méritée ».

2- **Amadou Matar DIOUF** *(Chef Division Environnement et Changement climatique)*

Vous dirigez une Division stratégique au sein du Haut-Commissariat de l'O.M.V.G. À cet effet vous avez été un technicien très proche d'El Hadj

Lansana FOFANA dans un contexte de changement climatique alarmant.

Que retenez-vous de l'Homme ?

« Je retiens du Haut-Commissaire FOFANA, un management agréable dans toute la rigueur requise. Le Haut-Commissaire FOFANA se caractérise par sa grande capacité d'écoute.

Photon 30 : M. DIOUF

Source : ***RCC/OMVG***

Cette approche inclusive a galvanisé toute l'Équipe de l'OMVG et a permis d'atteindre les résultats exceptionnels au niveau du grand Projet de l'Énergie.

Qu'Allah l'accorde une bonne santé, une longue vie et la paix ».

3- Me Alpha Oumar SY SAVANÉ
(Responsable Cellule Communication)

Vous avez été un proche collaborateur d'El Hadj Lansana FOFANA dans ses fonctions de Haut-Commissaire de l'O.M.V.G. pendant plus de 8 ans, en votre qualité de Responsable de la Cellule Communication du Haut-Commissariat.

Que retenez-vous de l'Homme ?

Photo 31 : Me SY SAVANÉ

Source : ***Souleymane BANGOURA***
Caméraman RTG-Koloma

« **El Hadj Lansana FOFANA** est l'un des rares cadres, pour ne pas dire le seul, des quatre États membres à avoir participé à toutes les rencontres de l'Organisation pour la Mise en Valeur du fleuve Gambie depuis 1981 jusqu'en 2025, soit quarante-quatre (44 ans) :

- les Sommets des Chefs d'État et de Gouvernement,
- les Sessions Ordinaires et Extraordinaires du Conseil des Ministres
- les autres rencontres des Représentants des États membres.

Il a la maîtrise de la genèse de toutes les décisions, résolutions et autres documents qui gèrent l'Organisation depuis 1981.

Il est à ce titre, **la mémoire vivante** de l'Organisation pour la Mise en Valeur du fleuve Gambie (O.M.V.G.) dans tous les domaines.

M. FOFANA a été le Haut-Commissaire **du temps de l'action pour les actions du temps**. Les plus importantes réalisations de l'Organisation ont été faites sous son leadership et dans un contexte qui a été difficile parce que confronté à une épreuve qui a défié toute mesure, la pandémie de la Covid-19.

Nous n'avons pas à y insister trop parce qu'elle a été un quotidien planétaire depuis le mois de mars 2020, tout juste quelques rappels.

C'est dans cette épreuve sans commune mesure que l'O.M.V.G., sous le leadership de l'Ingénieur Lansana FOFANA, a bel et bien réussi, pour le commun des mortels, l'inattendu, l'exceptionnel : sortir de terre les premiers tronçons de la Ligne d'interconnexion électrique reliant les quatre États membres de l'Organisation et les Postes de transformation électrique et de dispatching.

C'est bien dans ces quatre dernières années (2020, 2021, 2022 et 2023), plus que pendant n'importe quelles autres périodes de son évolution, que l'O.M.V.G. a davantage serré les coudes *« pour travailler en équipe et pour faire partie de quelque chose de plus grand, de plus noble, de plus solide et de plus durable »* à l'échelle du continent africain.

L'épreuve de la Codiv-19 a prouvé, à bon escient, qu'à cœur vaillant rien d'impossible, comme l'a si bien dit l'autre.

Ce beau monde que représentent les membres des Réunions préparatoires des Sessions, a suivi au quotidien, et pour chaque pas, l'évolution des différents chantiers du *Projet Énergie* de l'O.M.V.G.

Ils ont, ces braves techniciens, affronté le Coronavirus dans son antre. L'histoire de l'O.M.V.G. vous a inscrit sur ses plus belles pages avec de l'encre indélébile. J'en suis convaincu fermement !

L'épreuve a aguerri les hommes et les femmes dans les bureaux et sur les chantiers. Elle a permis d'innover rapidement et efficacement. Même si elle n'est pas encore complètement derrière nous, nous allons avancer avec elle sans aucune peur et en toute lucidité.

La gestion de l'Équipe du Haut-Commissariat par son Haut-Commissaire, El Hadj Lansana FOFANA, a été efficace et efficiente malgré des conditions de trésorerie difficile. L'histoire retiendra qu'il a jeté les bases de l'intégration des quatre États membres de l'O.M.V.G.

El Hadj Lansana FOFANA est porteur de la double-casquette **du Manager chevronné** et **de l'homme social hors pair.**

Qu'Allah (SWT) le guide, le soutienne et le protège dans la santé, dans la prospérité et dans la longévité ! Amin ! »

4- Les Collaborateurs, parents, amis et connaissances à Dakar

Photo 32 : Ils ont accompagné E.H. Lansana FOFANA à l'AIBD

Source : ***Amy Madou FOFANA (OMVG)***

Photo 33 : Trophée de remerciements et de reconnaissance pour les œuvres accomplies, décerné le 15 mars 2025 à Dakar.

Source : ***Amy Madou FOFANA (OMVG)***

Chapitre 2

Ils ont dit ailleurs !

1- **Monsieur Aboubacar CAMARA**
(Ministre de l'Énergie, de l'Hydraulique et des Hydrocarbures de la République de Guinée, Président en exercice du Conseil des Ministres de l'O.M.V.G.).

Photo 34 : M. CAMARA

[Lors de la Passation de service entre les Hauts-Commissaires Sortant et Entrant de l'OMVG]
Source : ***CC/OMVG***

« **Monsieur El Hadj Lansana FOFANA**, le Haut-Commissaire sortant, nous quitte au terme de deux (2) mandats, soit huit (8) ans de service pendant lesquels il a assumé pleinement sa mission. En près d'une décennie, il a su, sous son leadership, avec un professionnalisme exemplaire, orienter notre Organisation vers de nouveaux horizons.

Il a conduit avec succès le montage des financements, réalisé le projet Énergie et lancé les études concernant les ouvrages de deuxième génération. Il a été à l'écoute de tous ses interlocuteurs, partageant ses connaissances et ses réflexions dans le domaine de la Coopération entre les États membres mais aussi sa grande expérience acquise dans la réalisation des barrages hydroélectriques de Kaléta et de Souapiti, en Guinée.

En effet, grâce à la détermination du Haut-Commissaire sortant, l'accompagnement de tous ses collaborateurs et l'appui des Partenaires Techniques et Financiers, l'O.M.V.G. a réalisé un réseau d'interconnexion de 1 677 km de lignes haute tension avec quinze (15) postes source et deux (2) dispatchings dont l'un à Tambacounda, au Sénégal et l'autre à Linsan, en Guinée.

L'O.M.V.G. est en train de développer actuellement le Projet d'Aménagement Hydroélectrique de Sambangalou pour une puissance installée de 128 MW et de mener les activités préparatoires à la réalisation des ouvrages de seconde génération. Je tiens à saluer vos efforts pour la conclusion de plusieurs autres accords de partenariat avec nos Partenaires Techniques et Financiers dans le cadre de la réalisation des Programmes et Projets de l'O.M.V.G.

Je peux affirmer que dans nos États, l'échange d'énergie entre les sociétés nationales d'électricité est une réalité palpable. Le soutien de ces sociétés nationales est aussi acquis à travers les contrats d'exploitation et de maintenance du réseau d'interconnexion de l'O.M.V.G. par les Sociétés nationales d'électricité EDG et Senelec en attendant l'opérationnalisation de la SOGESART.

Je salue également l'excellent travail accompli durant le mois de décembre 2024 - janvier 2025 en vue de parachever et rendre exécutoire les résolutions, décisions et Conventions issues de la 11e Conférence des Chefs d'État et de Gouvernement de l'O.M.V.G. Ceci témoigne votre engagement pour la réussite des missions de l'O.M.V.G.

Monsieur le Haut-Commissaire sortant, l'O.M.V.G. gardera un excellent souvenir de votre passage à la tête de l'Organisation, de votre personnalité charismatique, de votre approche pragmatique et de votre esprit d'ouverture sur des questions épineuses concernant la Coopération entre les États membres. Vous laissez derrière vous une équipe dynamique, motivée et très déterminée.

Au nom des États membres de l'O.M.V.G., à la tête desquels se trouve le Président **Umaro Sissoco EMBALÓ**, Président en exercice de la Conférence des Chefs d'État et de Gouvernement, je vous renouvelle nos félicitations pour la qualité du travail accompli.

Ces résultats appréciables ont hissé l'O.M.V.G. au rang de 1e Organisme de bassins au niveau mondial et une des meilleures Organisations actuelles, par sa distinction à travers plusieurs prix et trophées …

Il salue les attestations de satisfécits délivrés au Haut-Commissaire El Hadj Lansana FOFANA, respectivement par le Conseil des Ministres le 6 janvier 2024 et la Conférence des Chefs d'État et de Gouvernement, le 7 décembre 2024 lors de sa dernière session à Banjul.

Au-delà de ces distinctions qui honorent l'Organisation et ses États membres, il faut noter

la contribution au bien-être des populations, qui à elle seule, mérite toutes les reconnaissances.

Je vous souhaite et à votre famille, une excellente santé et une très longue vie pour que nos États et l'O.M.V.G. continuent à bénéficier de vos sages conseils et de votre expertise ».

2- Monsieur Demba JALLOW
(Haut-Commissaire de l'O.M.V.G.)

Photo 35 : M. JALLOW

Source : ***CC/OMVG***

« Lastly, I pay a deserved tribute to **Mr. Elhadj Lansana FOFANA**, the outgoing High Commissioner, for his leadership over the past nine (9) years at the helm of the OMVG affairs.

Having served the OMVG under his leadership, I fully recognise the efforts in shaping the trajectory for impacting positively on lives and livelihood of our people. We will review his legacy and build on the gains. I have no doubt that Mr. Elhaji Lansana Fofana will be our good will ambassador. I wish him a peaceful retirement ».

(« Enfin, je tiens à rendre un hommage mérité à M. El Hadj Lansana FOFANA, Haut-Commissaire sortant, pour son leadership au cours des neuf (9) dernières années à la tête de l'O.M.V.G.

Ayant eu l'honneur de servir l'O.M.V.G. sous sa direction, je mesure pleinement l'impact de ses efforts pour donner une trajectoire positive au bénéfice de nos populations. Nous nous appuierons sur son héritage et poursuivrons les acquis. Je ne doute pas que M. El Hadj Lansana FOFANA sera un ambassadeur de bonne volonté pour l'O.M.V.G. Je lui souhaite une retraite paisible »).

("Por último, presto uma merecida homenagem ao Senhor El Hadj Lansana FOFANA, o Alto-Comissário cessante, pela sua liderança ao longo dos últimos nove (9) anos à frente dos assuntos da OMVG.

Tendo servido a OMVG sob a sua liderança, reconheço plenamente os esforços na formação da trajectória para impactar positivamente as vidas e os meios de subsistência do nosso povo. Analisaremos o seu legado e continuaremos progredindo com as suas conquistas. Não tenho dúvidas de que o Sr. El Haji Lansana FOFANA será o nosso embaixador da boa vontade. Desejo-lhe uma reforma tranquila".).

Partie V

Les appuis forts pendant les deux mandats du Haut-Commissaire

Au service de l'Organisation pour la Mise en Valeur du fleuve Gambie (O.M.V.G.), ils ont accompagné le Haut-Commissaire pendant toute la période de ses deux mandats :

- **Le personnel du Haut-Commissariat** jusqu'au 7 janvier 2025 ;
- **Les Institutions internationales de financement** qui ont été les bailleurs de fonds du **Projet Énergie de l'O.M.V.G.**

Chapitre 1
L'Équipe du Haut-Commissariat au 7 janvier 2025

El Hadj Lansana FOFANA *(Haut-Commissaire)*, **Ousmane HANE** *(Secrétaire Général)*, **Awa Mbao FAYE LO** *(Contrôleur Financier)*, **Me Albert LAMAH** *(Conseiller Juridique)*, **Me Alpha Oumar SY SAVANÉ** *(Responsable Cellule Communication)*, **Seco CAMARA** *(Contrôleur de Gestion et du Budget)*, **N'Dèye Penda BA DIAGNE** *(Attachée de Direction bilingue)*, **Aïssatou DIA WANE** *(Responsable Cellule Suivi et Évaluation)*, **Lalo N. DANSO** *(Responsable Cellule Passation de marchés)*, **Abdoulaye Kourou DIALLO** *(Directeur des Études, de la Planification et des Infrastructures Régionales)*, **Demba JALLOW** *(Directeur de l'Environnement et du Développement Durable)*, **Martinho Nassambis NANCABI** *(Directeur de l'Administration et des Moyens Généraux)*, **MBoré NDIAYE SIDIBÉ** *(Directrice Financière)*, **Aïssatou FALL DIOP** *(Assistante de Direction)*, **Aïssatou FAYE SOW** *(Assistante de Direction)*, **Matilda Alice NDOW** *(Chef de Division Administration)*, **Abdoulaye GUÈYE** *(Chef de Division Moyens Généraux)*, **Sékou Saboudjan KÉITA** *(Chef de Division Comptabilité et Budget)*, **Fatou Kiné NDIAYE SAMBA** *(Chef de Division Finances)*, **Amadou Matar DIOUF** *(Chef Division Environnement et Changement climatique)*, **Nassirou Condetto TOURÉ** *(Chef de Division Agro-sylvo-pastoral)*, **Edrissa JARJUE** *(Chef Division Études et Planification)*, **Adulai TANZIGORA** *(Chef de Division Infrastructure Régionale et Ressources en*

Eaux), **Fatimata LY KANE** *(Assistante de Direction)*, **Maguette SALL** *(Assistante de Direction)*, **Fanta DIABY** *(Assistante de Direction)*, **Lansana BARO** *(Responsable Ressources Humaines et Développement Compétences)*, **Boubacar DIA** *(Responsable Logistique)*, **Bonna JALLOW** *(Comptable Projets)*, **Mouhammad Abdallah THIAM** *(Comptable fonctionnement)*, **Malick BAH** *(Expert Environnement et Changement climatique)*, **Aïssatou SYLLA,** *(Expert en Électricité)*, **Mamadou Lamarana LY** *(Expert Génie civil)*, **Abdoul Samath MBACKÉ** *(Expert en Informatique)*, **Thierno Siré DIALLO** *(Expert en Traduction Français-Anglais),* **Lamine KONATÉ** *(Expert hydrologue)*, **Mamadou FOFANA** *(*Assistant Comptable*)*, **Hamidou SOW** *(Assistant Comptable),* **Mamadou Moustapha DIOP** *(Commis),* **Alioune Djiby DIALLO** *(Commis),* **Mor TOP** *(Aide Documentaliste)*, **Fatou DRAMÉ SOW** *(Standardiste)*, **Ahmadou SOW** *(Bureau Courrier)*, **Abdou Khadre Dieylani SECK** *(Responsable Salle de Conférence),* **Babacar DIOUF** *(Chauffeur)*, **Lansana BADJI** *(Chauffeur)*, **Ousseynou CISS** *(Chauffeur)*, **Abou Samba BA** *(Chauffeur)*, **Camil Régis BADJI** *(Chauffeur)*, **Frédéric DIATTA** *(Chauffeur)*, **Abdoulaye NDIAYE** *(Chauffeur)*, **Ibrahima Babacar KOUYATÉ** *(Chauffeur)*, **Modou Moctar DRAMÉ** *(Chauffeur)*, **Bassirou SOW** *(Chauffeur),* **Hamidou DOUMBOUYA** *(Chauffeur)*, **Valère Junior MANCOR** (*Chauffeur*), **Abdou Karim LÔ** *(Gardien)*, **Mouhamadou Moustapha BA** *(Gardien)*, **Bacary BADJI** *(Gardien)* **Samba Khady NDAO** *(Gardien).*

Source : ***Liste (Division Administration/DAMG)***
Présentation : ***Cellule Communication***

Après cette date, le Haut-Commissariat de l'Organisation pour la Mise Valeur du fleuve Gambie a reçu d'autres cadres en remplacement de ceux qui sont admis à faire valoir leurs droits à la retraite et autres. Ce sont par ordre d'arrivée :

1- **Mamadou DIOP** *(Expert hydrologue)* en remplacement de Lamine KONATÉ ;
2- **Oury Dadhi DIALLO** *(Directeur des Études, de la Planification et des Infrastructures Régionales*) en remplacement de M. Abdoulaye Kourou DIALLO ;
3- **Mademba NIANG** *(Assistant Informaticien) ;*
4- **Mohamed Aly FOFANA** *(Chauffeur) ;*
5- **Ebrahima C. SANYANG** *(Directeur de l'Environnement et du Développement Durable)* en remplacement de M. Demba JALLOW.
6- **Mme Lamarana BAH DIALLO** *(Contrôleur Gestion et Budget)* en remplacement de M. Seco CAMARA.

Aussi, il est impossible d'écrire un livre sur El Hadj Lansana FOFANA au Commissariat de l'O.M.V.G. et sur l'Organisation pour la Mise en Valeur du fleuve Gambie sans parler d'**El Hadj Ababacar NDAO**, Secrétaire général du Haut-Commissariat et compagnon avec El Hadj Lansana FOFANA depuis le début des années 1980.

En effet, de 2016 à 2022, El Hadj Ababacar a été le plus proche collaborateur, un des meilleurs Conseillers de M. FOFAFA et un acteur principal de la gestion des Programmes et Projets mis en œuvre pendant cette période prolifique en réalisations : la ligne d'interconnexion, les postes de transformation électrique, etc.

Il a été aussi un acteur majeur, au même titre que Lansana FOFANA, dans le Projet de Mise en Valeur et de Gestion des Ressources Naturelles (P.M.V.G.R.N.) en leurs qualités de Coordinateurs des Cellules nationales de l'O.M.V.G. du Sénégal et de la Guinée.

Photo 36 : El Hadj Lansana et El Hadj Ababacar : Haut-Commissaire et Secrétaire Général de l'OMVG (2016-2022)

Source : ***CC/OMVG***

El Hadj Lansana FOFANA et El Hadj Ababacar NDAO ont été unis par le travail qu'ils ont fait ensemble pendant de nombreuses années pour la Gambie, la Guinée, la Guinée-Bissau et le Sénégal (plus de quarante (40) ans).

Ils resteront inséparables car les œuvres qu'ils ont accomplies ensemble les mettront au-dessus de la mêlée et l'histoire de l'Afrique de l'Ouest se souviendra toujours d'eux dès qu'on parlera d'hydroélectricité.

Nous appelons l'attention de nos lecteurs sur cet autre cadre sage, aussi admis à la retraite, **Kabir Silla SONKO**, qui a dirigé le Projet de Mise Valeur et de Gestion des Ressources Naturelles (P.M.V.G.R.N.) du début jusqu'à terme.

Photo 37 : M. Kabir Silla SONKO ancien Directeur de l'Environnement et du Développement Durable.

Source : ***CC/OMVG***

Le Projet a été réalisé entre 2004 et 2012. Il a permis d'améliorer durablement les conditions de vie des populations dans la zone du Projet par la réalisation d'infrastructures de base. Au Haut-Commissariat, il a été le Directeur de l'Environnement et du Développement Durable.

Enfin, nous allons citer cet autre acteur des réalisations de l'O.M.V.G. qu'est **Daouda Samba SOW** qui a été pendant plus de dix (10) Directeur financier. Il a terminé sa carrière à l'Organisation par le poste de Secrétaire général de 2022 à 2024.

Photo 38 : M. Daouda Samba SOW ancien Directeur financier et ancien Secrétaire général au Haut-Commissariat

Source : ***CC/OMVG***

Carte 2 : L'O.M.V.G. Les États membres

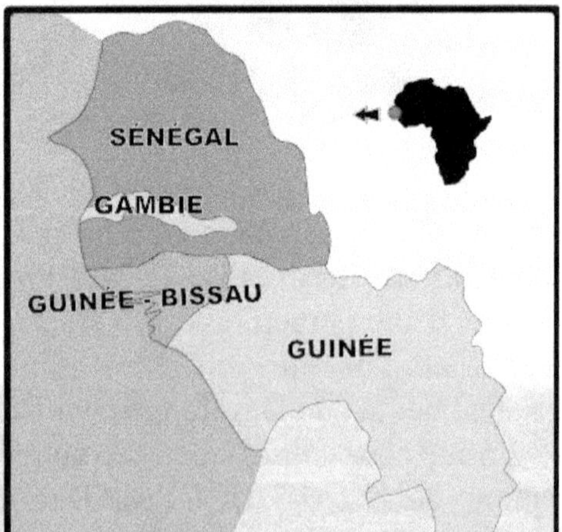

Chapitre 2

Les Institutions de financement de la ligne d'interconnexion électrique de l'OMVG

1.La BAD - Banque africaine de développement (Chef de fil)

La Banque africaine de développement (désignée par l'acronyme BAD), est une institution financière multinationale de développement, établie dans le but de contribuer au développement et au progrès social des États africains.

La BAD, dont le siège est à Abidjan (Côte d'Ivoire), a été fondée en 1964. L'objectif du Groupe de la Banque africaine de développement (BAD) est de faire reculer la pauvreté dans ses pays membres régionaux en contribuant à leur développement économique durable et à leur progrès social.

2. L'AFD-Agence Française de Développement

Le groupe Agence française de développement (**AFD**) finance, accompagne et accélère les transitions vers un monde plus juste et durable. Climat, biodiversité, paix, éducation, urbanisme, santé, gouvernance… Nos équipes sont engagées dans plus de 4 200 projets dans les Outre-mer et dans 150 pays.

3. La BOAD - Banque ouest africaine de développement

La mission principale de la BOAD est de contribuer à l'intégration économique et au développement équilibré des pays membres de l'Union économique et monétaire ouest-africaine (UEMOA). Ces pays comprennent le Bénin, le Burkina Faso, la Côte d'Ivoire, la Guinée-Bissau, le Mali, le Niger, le Sénégal et le Togo.

Elle offre des services financiers aux États, aux entreprises publiques et privées ainsi qu'aux organisations régionales, dans le but de promouvoir la croissance économique durable, la création d'emplois et l'amélioration des conditions de vie de la population ouest-africaine.

4. La BEI - Banque européenne d'investissement

La Banque européenne d'investissement (BEI) est l'institution de financement de l'Union européenne. Premier prêteur multilatéral au monde, elle est le principal bailleur de fonds destinés à la lutte contre le changement climatique.

5. La BID - Banque islamique de développement

La Banque islamique de développement est une banque multilatérale de développement (BMD) qui œuvre pour améliorer la vie des populations bénéficiaires en favorisant le développement social et économique dans les pays musulmans et les communautés musulmanes à travers le monde, et en produisant un impact à grande échelle.

6. La BM - Le Groupe de la Banque mondiale

Le Groupe de la Banque mondiale a été créé lors de la Conférence de Bretton Woods, en 1944. **Le Groupe de la Banque mondiale** œuvre aux côtés des pays en développement pour réduire la pauvreté et accroître la prospérité partagée.

Elle est l'une des principales sources de financement et de savoir pour les pays en développement. Il se compose de cinq institutions engagées en faveur de la réduction de la pauvreté, d'un plus grand partage de la prospérité et de la promotion d'un développement durable.

La **BIRD** et l'**IDA** forment la **Banque mondiale**, qui fournit des financements, des conseils stratégiques et une assistance technique aux pouvoirs publics des pays en développement. **L'IDA** se concentre sur les pays les plus pauvres du monde, tandis que la BIRD aide les pays à revenu intermédiaire et les pays pauvres solvables.

L'**IFC**, la **MIGA** et le **CIRDI** s'attachent à renforcer le secteur privé dans les pays en développement. Par le biais de ces trois institutions, le Groupe de la Banque mondiale apporte aux entreprises privées (y compris aux établissements financiers) des financements, une assistance technique, des services d'assurance contre les risques politiques et des mécanismes de règlement des différends.

7. KfW - La Kreditanstalt für Wiederaufbau

La Kreditanstalt für Wiederaufbau (KfW ; en français : *Établissement de crédit pour la reconstruction*) est une institution allemande de droit public.

La KfW a pour vocation de mettre en œuvre les missions d'intérêt public telles que le soutien aux PME et à la création d'entreprises, la mise à disposition de crédits d'investissement aux petites et aux moyennes entreprises ainsi que le financement de projet de création d'infrastructures et de logements, le financement de techniques permettant d'économiser l'énergie et le financement d'infrastructures communales.

8. KFAED - Fonds koweïtien pour le développement économique

Fondée en 1961, le **Fonds koweïtien pour le développement économique arabe** (KFAED) vise, au nom du gouvernement koweïtien, à soutenir la croissance de tous les pays en développement.

Ces huit (8) Partenaires Techniques et Financiers ont investi 760 000 000 USD dans la réalisation de la ligne d'interconnexion électrique du Projet Énergie de l'O.M.V.G. Les États membres de l'Organisation ont donné la contrepartie.

PARTIE VI

Les images qui disent tout

Chapitre 1

Quelques images des réalisations des Programmes et Projets de l'O.M.V.G.

Photo 39 : L'hydraulique villageoise

Source : *PMVGRN/OMVG*

Photo 40 : Une retenue collinaire

Photo 41 : Un centre de santé

Photo 42 : Une piste rurale

Photo 43 : Un château d'eau

Photo 44 : Une mare d'abreuvement du bétail

Photo 45 : Une rampe d'accès au fleuve

Photo 46 : Un bâtiment forestier

Photo 47 : Une plate-forme multifonctionnelle

Photo 48 : Une mare d'abreuvement du bétail

Photo 49 : Un champ irrigué

Photo 50 : L'hydraulique villageoise

Source des photos 38-49 : *PMVGRN/OMVG*

Photo 51 : Le barrage hydroélectrique de Kaléta (Guinée)

Source : *Et vint Kaléta !*

Photo 52 : Le chantier du barrage Sambangalou

Source : *UGP/OMVG*

Photo 53 : L'atelier de fabrication (Andritz)

Source : *RCC/OMVG*

Photo 54 : Les éléments de la conduite forcée de la prise d'eau usinière

Source : *RCC/OMVG*

Photo 55 : Les éléments de la vidange de fond

Source : *RCC/OMVG*

Photo 56 : Le R.C.C. à Sambangalou

Source : *RCC/OMVG*

Photo 57 : La ligne d'interconnexion au sortir du poste de Tambacounda

Source : *CC/OMVG*

Photo 58 : Un pylône de la ligne d'interconnexion

Source : *CC/OMVG*

Quelques postes de transformation électrique de la ligne d'interconnexion du Projet Énergie de l'OMVG

Photo 59 : Le poste de Labé (Guinée)

Photo 60 : Le poste de Saltinho (Guinée-Bissau)

Photo 61 : Le poste de Soma (Gambie)

Photo 62 : Le poste de Tambacounda (Sénégal)

Carte 3 : La ligne d'interconnexion

Chapitre 2

Quelques photos du Haut-Commissaire

Photo 63 : Avec S.E.M. Adama BARROW, Président de la Conférence des Chefs d'État et de Gouvernement de l'OMVG Président de la République de Gambie

Source : ***CC/OMVG***

Photo 64 : Avec S.E.M. Général Mamadi DOUMBOUYA Président de la République de Guinée

Source : ***CC/OMVG***

Photo 65 : Avec S.E.M. Général Umaro Sissoco EMBALLO
Président de la République de la Guinée-Bissau

Source : ***CC/OMVG***

Photo 66 : Avec S.E.M. Macky SALL
Président de la République du Sénégal

Source : ***CC/OMVG***

Phot 67 : Remise du Trophée en Or du Projet Énergie de l'O.M.V.G.

Source : *Moussa FOFANA Entrepreneur*

Photo 68 : Première Table ronde de l'OMVG (19 et 20 avril 2007 à Dakar : Le Projet Énergie de l'OMVG)

Source : CC/OMVG

Photo 69 et 70 : COP 23 Fuji-Bonn (2017)

Sources : ***CC/OMVG***

Photo 71 : Le tout premier contact avec le Groupe VINCI à Cologne (Allemagne, 2017)

Source : *CC/OMVG*

Photos 72 et 73 : Pollutec Lyon (France, 2017)

Source photos 71 et 72 : *CC/OMVG*

Photo 74 à 77 : 8e Forum mondial de l'Eau, Brasilia 2018

Sources photos 74-77 : *CC/OMVG*

Photo 78 : 9e Forum Mondial de l'Eau (Dakar, 2022)

Photo 79 : Le Haut-Commissaire et la Fondation Veolia

Fondation Veolia - Un projet pilote de potabilisation de l'eau autour du fleuve Gambie

Source : CC/*OMVG*

L'O.M.V.G. a dompté la COVID 19 pour avancer dans la réalisation de ses Programmes et Projets Photos 80-83

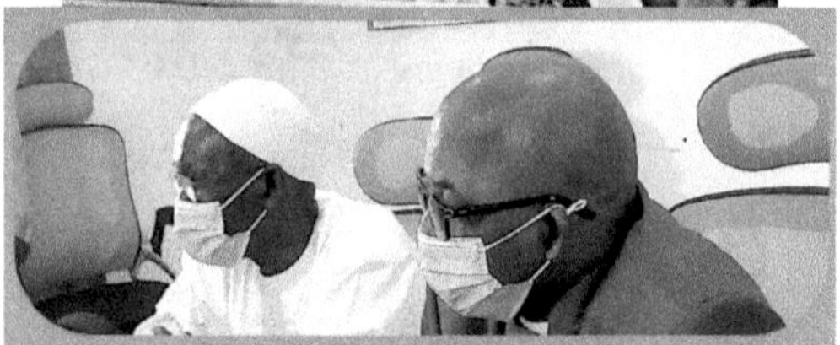

Source photos 79-83 : *CC/OMVG*

Photo 84 : M. Malick JOHN
1e Haut-Commissaire de l'OMVG (1978-1992)

Source : *Haut-Commissariat OMVG*

Photo 85 : M. Mamadou Nassirou DIALLO
1e Secrétaire général (1978-1992)
et 1e Secrétaire exécutif (1993-2005)
du Haut-Commissariat de l'OMVG

Source : ***Haut-Commissariat OMVG***

Photo 86 : Rencontre bilatérale
OMVG-OMVS (2024)

Source : ***CC/OMVG***

Photo 87 : Futur Siège du Haut-Commissariat de l'OMVG à Diamniadio (Dakar)

Source : ***Cellule Passation de Marchés/O.M.V.G.***

Photo 88 et 89 : Maîtres et élèves au cœur de la stratégie de Communication du Haut-Commissariat de l'O.M.V.G.

Source : ***CC/OMVG***

Photos 90 - 92 : Les membres de la délégation de l'OMVG à la COP22 à Marrakech (Royaume chérifien)

Source : ***CC/OMVG***

Photo 93 : Le premier tronçon de la Ligne d'Interconnexion du Projet Énergie de l'OMVG à Tambacounda

Source : *CC/OMVG*

Photo 94 : Les majestueux pylônes de la ligne d'interconnexion près du poste de Tambacounda

Source : *CC/OMVG*

Conclusion

Nous avons campé l'Homme, **El Hadj Lansana FOFANA,** et ses œuvres tant en Guinée qu'au sein de l'Organisation pour la Mise en Valeur du fleuve Gambie, une Organisation intergouvernementale de l'Afrique de l'Ouest regroupant les États de la Gambie, de la Guinée, de la Guinée-Bissau et du Sénégal.

Il est important de retenir que Lansana FOFANA savait exactement ce qu'il devait faire au sein du Haut-Commissariat : **Manager**.

Le manager est un **responsable d'Équipe**. Il est chargé de **coordonner**, d'**organiser**, de **répartir** les tâches et de **vérifier** le travail de son **Équipe.** Le manager est un **acteur clé dans la vie de l'Organisation**, car il est le gage d'une **Équipe** efficace et capable d'atteindre facilement les objectifs fixés.

Principalement axé sur l'aspect humain, le management d'équipe nécessite des qualités personnelles en plus de compétences managériales.

Nous avons retrouvé chez El Hadj Lansana la toute première qualité d'un Manager : *« Une personne experte dans son domaine »*. Tel est le titre du livre écrit pour lui : **Un Ingénieur chevronné**.

L'héritage qu'il a laissé à l'O.M.V.G. est qu'il faudra, en tant qu'Autorité : - faire preuve d'ouverture et avoir une grande capacité d'écoute ; - faire preuve de leadership ; - être pédagogue ; - être capable de déléguer ; - être bien organisé ; - être capable de prendre des décisions ; - avoir des qualités relationnelles et - montrer l'exemple.

Outre ces capacités personnelles, un bon manager doit disposer d'un certain nombre de compétences liées à sa fonction : - une résistance au stress et à la pression ; - une capacité à résoudre les conflits ; - une bonne réactivité et une adaptabilité et - une communication positive à toute épreuve.

Nous avons tenu à magnifier l'Équipe du Haut-Commissariat pour son attachement au travail collégial, sa persévérance dans le travail bien fait et son assiduité dans l'exécution des tâches dans chacun des États membres.

N'empêche qu'il faudra beaucoup de changement au Haut-Commissariat. D'abord, chaque travailleur doit être à l'avenir le meilleur de lui-même et ensuite, chaque acte posé doit aller dans le sens de la cohésion des États membres évitant des discours d'exclusion.

Il faudra beaucoup de changement pour que la cohésion entre les travailleurs ne soit pas une vaine expression, mais plutôt une réalité de tous les jours.

Enfin, il faudra beaucoup de changement pour que la subjectivité soit absente dans les choix à effectuer surtout au niveau des personnes.

El Hadj Lansana FOFANA et son Équipe du Haut-Commissariat ont jeté **la base de l'Intégration effective et efficiente des États membres** de l'Organisation pour la Mise en Valeur du fleuve Gambie (O.M.V.G.).

Les réalisations d'infrastructures structurantes de l'Organisation et la mise de celles-ci dans le panier **des ouvrages communs** aux quatre (4) États membres, est une réussite indéniable dans la voie de l'Afrique responsable de son destin, unie et solidaire.

Tableau des illustrations

Bibliographie

1 **Ali Ibn Abi-Talib**

- La Voix de l'éloquence. Publication Ansariyan – Qom R.I. d'Iran (Édition bilingue) ; 1986.

2 **Alpha Oumar SY SAVANÉ,**

- Et vint Kaléta ! Le barrage de tous les espoirs ; 2015.

- L'O.M.V.G. Tout en un ; 2024.

- Contribution à l'élaboration d'**un Système d'Information Géographique** pour le plateau central du Fouta-Djallon, *Feuille Labé 2a.* Université de Liège et Faculté universitaire de Gembloux, Royaume de Belgique ; 1994.

- Biographie d'El Hadj Lansana FOFANA, Haut-Commissaire de l'O.M.V.G. ; 2024

3 **Daan Bos, Iron Grigoras & Abdoulaye Ndiaye**

- Land coverand avian biodiversity in rice and Mangroves of West Africa ; 2006.

4 **O.M.V.G. / Cellule Communication**

- **Photothèque O.M.V.G.** ; 2025.
- **Dépliant** 2019 O.M.V.G. ; 2019.
- **Vidéothèque O.M.V.G. ; 2024**

Table des matières

Structures éditoriales du groupe L'Harmattan

L'Harmattan Italie
Via degli Artisti, 15
10124 Torino
harmattan.italia@gmail.com

L'Harmattan Hongrie
Kossuth l. u. 14-16.
1053 Budapest
harmattan@harmattan.hu

L'Harmattan Sénégal
10 VDN SICAP AMITIE 3
BP 45034 Dakar-Fann
direction@senharmattan.com

L'Harmattan Cameroun
Tsinga/Derrière polyclinique FECAFOOT
BP 11486 Yaoundé
Jacques.koukam@harmattan.fr

L'Harmattan Burkina Faso
Villa 281, secteur 23 623, rue 14.32
Ouagadougou
zagbie@outlook.fr

L'Harmattan Guinée
Almamya, rue KA 028 OKB Agency
BP 3470 Conakry
harmattanguinee@yahoo.fr

L'Harmattan RDC
185, avenue Nyangwe
Commune de Lingwala – Kinshasa
matangilamusadila@yahoo.fr

L'Harmattan Congo
219, avenue Nelson Mandela
BP 2874 Brazzaville
deunovmikhael@gmail.com

L'Harmattan Mali
Immeuble Mgr Jean Marie Cissé
Aci Hamadallaye
BP 145 Bamako
syllaka@yahoo.fr

L'Harmattan Togo
Djidjole – Maison Amela
face EPP BATOME
02 BP 20680 Lomé
didieramela11@gmail.com

L'Harmattan Côte d'Ivoire
Résidence Karl – Cité des Arts
Abidjan-Cocody
03 BP 1588 Abidjan
harmattan.ivoire@gmail.com

L'Harmattan Bénin
Rue 604, (Immeuble à l'entrée
de la rue UCAO- Cite de Saint-Jean)
Cotonou
stepcorpus@gmail.com

Nos librairies en France

Librairie internationale
16, rue des Écoles
75005 Paris
librairie.internationale@harmattan.fr
01 40 46 79 11
www.librairieharmattan.com

Librairie des savoirs
21, rue des Écoles
75005 Paris
librairie.sh@harmattan.fr
01 46 34 13 71
www.librairieharmattansh.com

www.ingramcontent.com/pod-product-compliance
Lightning Source LLC
LaVergne TN
LVHW021235061026
849535LV00008B/3061